三 分 钟

接话的艺术

高子茗◎编著

贵州出版集团
贵州人民出版社

图书在版编目（CIP）数据

接话的艺术 / 高子茗编著 . — 贵阳 : 贵州人民出版社 , 2024.5
（三分钟漫画）
ISBN 978-7-221-18037-7

Ⅰ . ①接… Ⅱ . ①高… Ⅲ . ①语言艺术－通俗读物 Ⅳ . ① H019-49

中国国家版本馆 CIP 数据核字（2024）第 101361 号

三分钟漫画·接话的艺术
高子茗　编著

出 版 人	朱文迅
策划编辑	冯应清
责任编辑	杨雅云
装帧设计	玥婷设计
责任印制	蔡继磊
出版发行	贵州出版集团 贵州人民出版社
地　　址	贵州省贵阳市观山湖区中天会展城会展东路 SOHO 公寓 A 座
印　　刷	三河市天润建兴印务有限公司
版　　次	2024 年 5 月第 1 版
印　　次	2024 年 5 月第 1 次印刷
开　　本	710 毫米 ×1000 毫米　1 / 16
印　　张	10
字　　数	130 千字
书　　号	ISBN 978-7-221-18037-7
定　　价	59.00 元

如发现图书印装质量问题，请与印刷厂联系调换；版权所有，翻版必究；未经许可，不得转载。

前　言

苏联著名作家马雅可夫斯基曾说："语言是人类力量的统帅。"想要在人际交往中占据优势，语言表达是不可或缺的因素。它是人与人沟通的重要方式，是现代社会中关系到一个人竞争力强弱的重要因素。一句话能够树立仇敌，引起双方长期的对抗；一句话也能化干戈为玉帛，结一段意想不到的善缘。

但是，很多人都苦恼于如何表达。另一半总是不能理解你的想法，你心里有苦却说不出；你想去找老板提出自己的意见，但在老板凌厉的话语下，你到了嘴边的话又默默地咽了下去；你想发展新的客户，但因为表达能力差，总也无法实现目标，最终只能陷入茫然之中……其实，只要你找到了正确的表达方式，学会了一定的表达技巧，这些问题都可以迎刃而解。

表达的关键不是用华丽的辞藻和诙谐幽默的语言吸引对方，也不是一味阐述深奥的专业理论让对方崇拜自己，而是将自己的想法准确地传达给对方，通过道理的阐述帮助对方认清事实，让对方认真考虑你的想法与意见。

当然，这并不意味着华丽的辞藻、幽默的语言、专业理论等并不重要。它们可以将语言包装得更加精致，让听者更容易接受，可以说它们是良好表达的推进剂。说出让别人感兴趣的话、委婉表达自己的意见、适时赞扬对方……学会了这些表达技巧，你就能在人际交往中更加游刃有余，别人也更愿意与你进行深入的交往。

总之，语言表达是思想的外衣，你的语言时时刻刻显露着你的思想与素养。学会表达能让你与陌生人更自如地交谈，能让你更好地维护人际关系，能让你与有分歧的人互相理解……别让不会表达阻挡了你的去路。

本书以"批评""说服""职场"等七个主题设置章节，囊括了我们日常生活在表达方面可能遇到的诸多问题，并予以一一解答。另外，每篇文章中，都讲述了一个至多个故事，让读者能更加直观地感受文中所讲述的理论，更好地了解文中所论证的方法。本书还在每章最后设置了趣味小测试，读者朋友们可以借此对自己进行更加深入的了解，寻找更适合自己的表达方式。

最后，希望您能喜爱本书，如有疏漏之处还望多多海涵。

眼中有尺度——做个有眼力见儿的人

"见人说人话，见鬼说鬼话"　　　　　　4
你需要一双"透视眼"　　　　　　　　10
听懂弦外之音，达成心灵默契　　　　　16
区别场合，说话也要因地制宜　　　　　21
求人尺度拿捏准　　　　　　　　　　　26

心中有分寸——别在惹怒别人的边缘疯狂试探

有一种尊重叫作看破不说破　　　　　　34
拿捏不好尺度的玩笑不是玩笑　　　　　38
拒绝的话要说得恰到好处　　　　　　　43
话说七分满，空头支票莫乱开　　　　　48
你怎么专踩他人的痛处　　　　　　　　52
会表达更要会倾听　　　　　　　　　　58
口舌之快，并不痛快　　　　　　　　　63

脑中有转折——拐个弯，抹个角，迂回战术少不了

话出口前先过脑	70
妙语藏机，正话反说	75
打破僵局，"破冰"有道	79
自嘲，尴尬的缓和剂	84
移花接木，妙语激将	89
冲动是魔鬼，情绪不稳慎开口	95
给批评套上华丽的外衣	100

言中有底气——说服的正确打开方式

让说服不再是难题	108
站在对方的立场打动对方	114
同理心的力量正无穷	120
对方"得意"，你才能"得意"	125
怎么说比说什么更重要	130
说服他人要精于诱导	136
表达清晰，说服更高效	142
引导对方开口说"是"	147

接话的艺术

接话的艺术

眼中有尺度
——做个有眼力见儿的人

经常听人说某人有眼色,其实是在说这个人言谈得体,举止合宜,该说话时口若悬河,语出可人,悦人,惊人。

"见人说人话，见鬼说鬼话"

在人际交往中，无论何时都不要产生"只要我想说，不管什么样的话都可以随意说"的想法，"见人说人话，见鬼说鬼话"才是正确的选择。

"见人说人话，见鬼说鬼话"曾一直被人们厌弃，人们觉得这种行为就是为达目的而没有底线地讨好别人、奉承别人。但是，如果换一个角度就会发现，其实这也是一种精湛的沟通技巧，对不同的人说不同的话才能说中对方的心理，进而赢得对方的好感。

一次，某节目要以"农民产业协会"为话题进行一次采访，被采访的人是当地养猪分会的会长。节目开始前，主持人做好了充足的准备。

会长，咱们这个养猪分会总共辐射了多少农户？

眼中有尺度
——做个有眼力见儿的人

比如：采访时的背景应该体现典型环境，采访的对象是养猪分会会长，于是他们经过多番尝试，找到了养猪场里最合适的角度，在这个角度拍摄，可以从镜头中看到大猪、小猪生龙活虎地吃食的场景，整体看来很生动；在服饰上，主持人特意换上了一件看起来很朴素的夹克衫，这样跟农民站在一起没有什么距离感，也与这个环境相协调。在做完这一系列准备工作后，节目正式开始录制了。主持人问道："会长，咱们这个养猪分会总共辐射了多少农户？"

可谁知道，这个会长一脸迷茫地看着主持人，问："对不起，记者同志，你刚才说什么射了多少农户？"这话一出，在场的人都愣了，主持人尴尬极了。他采访前千思万虑，却忽略掉了会长文化程度不高这个事实，竟然一开口就使用了这么书面化的用语。幸好这个节目是录播的，还有机会挽回，主持人换了能让会长明白的问法。然后，这个农民朴实地说："我哪算什么会长啊，我就是个养猪的头儿。"后续采访主持人尽可能地让自己的问题通俗易懂，但因为事先没做这方面的准备，变得很被动，所以这次采访并不算成功。

我们每天都会与不同的人交谈，而不同的人有不同的思维方式、行为习惯，故事中的养猪分会会长明显是个直白、文化程度不高的人，主持人却使用了对方难以理解的用语，当然会让现场陷入尴尬。因此，说话人不能想说什么就说什么，而是要根据不同说话对象的不同特点，调整不同的说话方式，从而营造出一种和谐的氛围，更顺利地达到想要的说话效果；否则，不仅达不到目的，反而有可能会造成尴尬的局面。

小王是一位大学毕业生，在一家工厂工作。刚开始，人们对他的印象不错。过了两个月，他发现车间主任开始对他冷淡起来。他怎么也想不明白到底是怎么回事。后来，车间里一位好心的师傅告诉他："你以后说话少用点儿新鲜词儿就行了。"他听了恍然大悟：原来他在学校学的是文科，讲话文绉绉的，又爱引用一些诗句、典故等。而这位车间主任只上过中专，最讨厌卖弄学识的人。小王无意中说的话，使得这位领导很不舒服。

吾不明，为何大家现在对我不似从前？

你以后说话少用点儿新鲜词儿就行了。

后来，小王经过努力改正了这一说话方式，和领导的关系也缓和了许多。

眼中有尺度
——做个有眼力见儿的人

两年后，小王又参加了研究生考试，而且还被录取了，只是他发现自己与导师的沟通又出了问题。原来，小王现在习惯了"大白话"，和导师沟通的时候完全忽略了导师的职业习惯。看来小王又要调整自己的说话方式了。

人与人不同，不同的对象对同一句话会产生不同甚至相反的反应。所以，与不同的人交谈，就要采取不同的说话方式，像故事中的小王，对学历不太高的车间主任说一些文学名词，就会引起对方的反感。而他与导师探讨问题时仍然说"大白话"，当然也极不适宜。从这里可以看出，面对不同的人，就应该学会用不同的语言和方式与对方交流。

那么与不同的人交谈时，都应该注意哪些问题呢？

1. 对不同性别的人，说的话不能相同

男性和女性在许多方面都有较大差异，因此对待男性和女性不能采用同一种态度。

例如：女性比男性更加注重自己的外在形象。如果一个身材臃肿的女性听到别人说她的腰像个水桶，那她心中一定会愤懑不已；但是如果

别人说她体形丰满、长相富态，那她也许还会沾沾自喜。而男性对外形没有那么高的关注度，所以对这个问题也就没有女性那样敏感。

2. 对不同年龄的人，说的话不能相同

对不同年龄阶段的人，注意不要触犯其禁忌。例如：小朋友们大多盼望着快快长大，因此，对一个小朋友说他年龄又增长了一岁，他可能会很高兴；但如果对一个高龄且羸弱的老人说了同样的话，就很可能引起许多不好的联想，招致对方的反感。

3. 对不同文化程度的人，说的话不能相同

在与文化程度较低的人交谈时，应尽量让自己的语言通俗、明了，如果话语超过了对方的理解范围，可能会有卖弄学问的嫌疑，给对方留下不好的印象。而跟文化程度较高的人交谈时，就应尽量使用文雅的语言，提升自己的形象。

> 李老师，早就听说过您的大名，今日一见，真是三生有幸啊。

4. 对不同民族、不同种族的人，说的话不能相同

文化和语言有着紧密的联系。人们的语言当中势必会透露出自己所属民族或种族的文化，我们在说话时应对此给予足够的尊重。例如：与回族人交谈时，我们不要提及猪肉；而在与西方人交谈时，我们应该避

免谈及薪资、年龄等私人问题。

5. 对不同境地的人，说的话不能相同

由于岗位、经济地位等的不同，同一类人对同一句话的反应可能不同。

例如：面对"这件衣服样式似乎有些过时了"这样的话，商场内的售货员可能会回答："那您看看这件，最近正流行这种风格。"而地摊上的小贩可能就会回答说："哎呀，怎么可能，今年最流行这种款式了！"

6. 对不同地域的人，说的话不能相同

百里不同风，千里不同俗，各地不同的生活习俗，养成了各地人不同的性情特点。例如，我国南、北方人的差异十分明显：北方的"咸党"与南方的"甜党"总在网络上争吵不休；北方人论斤买菜，而南方人按棵买……这些差异让我们对待南方人与北方人应采取不同的说话方式。在与南方人交谈时，要认真倾听对方的轻声细语，说话方式要细腻一些；而与北方人交谈时，要理解、包容对方嘹亮的嗓音，说话的方式也应更偏向于直白。

你需要一双"透视眼"

人们常说"知人知面不知心",其实也不尽然,只要你能够察言观色,及时捕捉细节,你就可以在一定程度上掌握对方的心理活动,从而将话说到对方心里去。

一次,晓晴和妍妍一起去逛街。在经过一家蛋糕店时,她们没忍住诱惑走了进去。店里窗明几净,摆放着各式各样的蛋糕,她们简直看花了眼。

妍妍问晓晴:"你想要哪种蛋糕啊?"

"巧克力味的。"晓晴回答道。

"你不是特别喜欢草莓味的东西吗?那边有草莓味的。"妍妍说。

"对啊,但是我这次想要巧克力的。"晓晴又说道。

眼中有尺度
——做个有眼力见儿的人

"我觉得还是草莓味的好一些，而且巧克力容易长胖，就给你拿那个草莓的吧，我请你吃。"说着她就让售货员打包了她看中的蛋糕，快速结了账。

显然，随着对话的深入，两人想法上的冲突不断加深。妍妍的做法是出于对晓晴的照顾，是好心，但却有些费力不讨好。她只凭着对对方的些许了解便自顾自地做出了决定，而忽视了对方真正的需要，实在让人难以认同。

察言观色不仅能对你的生活有所帮助，也能使你的工作更加顺畅。

星期六早上，莉莉工作的珠宝店刚开始营业，便迎来了三位顾客：一对亲亲热热的小夫妻，还有一位上了年纪的老太太。女生打扮精致，显然比较看重穿着，男生看起来斯斯文文的，老太太则衣着朴素。

莉莉赶紧迎了上去，招呼道："欢迎光临，几位想看看什么？我可以帮几位推荐一下。"

老太太转头对这对小夫妻说："这儿这么多项链，你们好好挑挑，看看喜欢哪个。"

莉莉看出来了,估计是小夫妻要结婚了,婆婆带儿子、儿媳妇来置办"三金"。于是,她热情地说:"我们店项链的样式可多了,你们看上了哪种,我给你们拿出来仔细看。"但三个人都只是默默地看着,没有说话。莉莉观察到,女生的目光总是盯着一条五千元左右的项链,那条项链虽然克数低一些,但是是小有名气的设计师设计的,样式也不错,所以总价稍微高一些;而老太太却总是在看一条大约三千元的项链,那条项链设计一般,但是克数相对重一些,更加合算;男生则悄悄地看着女生和老太太,感觉有些不安。

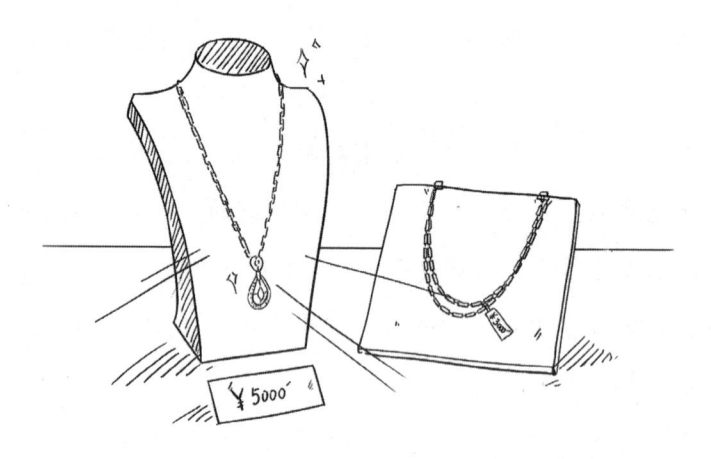

莉莉猜测女生更注重美观,想买一条更加流行、好看的;老太太则希望能节约一些,样式、设计是次要的,性价比才是考虑的重点。但两人都不太好意思直接说出来。男生估计早就看出了双方的想法,可是不管赞成买哪个都可能会得罪另一方,所以左右为难,也就不敢说话了。

时间慢慢过去了,气氛一直就这样僵持着。可这样下去也不是办法,最后他们很可能哪条也不买了,必须得打破僵局才行。于是,莉莉想了想便对老太太说:"咱们这儿这种三千多元的项链,虽然克数重、性价比较高,但是样式有些过时了,买首饰就是为了美观,买回去戴着不好看,心里少不了犯别扭。"然后,莉莉又跟女生说:"这种五千元左右的项链,

眼中有尺度
——做个有眼力见儿的人

虽然很时尚,但是克数较小,重要场合戴,感觉有些压不住场面,而且设计师的名气抬升了价格,性价比不太高。"莉莉一边说一边拿出了一条四千多元的项链说:"这条项链款式也很精巧,是一位初出茅庐的设计师设计的,所以克数比五千元的高一些,性价比很高,而且这款卖得很好,剩下的已经不多了,您要不要戴一下试试效果?"

莉莉的话打破了僵局,让三个人都高兴起来。他们有说有笑地仔细看着这条项链,女生试戴后觉得很好看,老太太眉开眼笑地结了账。

中国有个成语叫作"对症下药"。而"对症"的前提条件就是仔细观察对方的需求,准确把握对方的心理。莉莉观察到了女生和老太太不同的需求,切合她们的心理推荐了合适的商品,既满足了她们的需求,也圆满地完成了自己的工作。

那么我们应该怎样判断别人的需求呢?应该观察哪些方面呢?

1. 观察对方的面部表情

眼睛是心灵的窗户,而面部则是心理活动的显示屏。有时候,对方虽然嘴里赞同你的观点,但不知何时皱起了眉头,或者突然闭紧了嘴唇、嘴角撇了下去，这些都表明你的观点与他心中所想的有所冲突，他之所以表示赞同可能是不想驳你的面子或者对你有所忌惮。

2. 观察对方的语言状态

我们与人交流时，不仅要注意对方话语的内容，而且要注意对方说话的方式。每个人在普通状态下都有自己独特的说话方式。例如：性情急的人通常说话声调高、语速快；性子慢的人通常说话声调低、语速慢。而如果对方心里有什么想法，其实也会通过语言的状态表现出来。例如：人们有心事时，通常说话声音小、语速慢；处于兴奋、激动的状态时，则声音大、语速快。总之，人们说话时声音的高低强弱、腔调的起伏变化、语速的快慢急缓等，都会展现出他心理的变化。

你是觉得这煎蛋的水平不行吗？

我想，你应该把这个蛋煎得再焦一些更好吃。

3. 观察对方的肢体语言

肢体动作其实也能反映人们的内心世界，不同的动作能够显示不同的想法。但是人们很少注意肢体动作，对肢体语言的了解也很有限。如果你与人交谈时，对方并拢双腿，而且两臂抱在胸前，这意味着他对你抱有某种敌意，至少是在警惕你，正处于自我防卫的状态。而对方如果在谈话时摊开双手，整个人都很放松，那么就说明对方此时处于一种真

眼中有尺度
——做个有眼力见儿的人

诚的状态。

以上三点是与人交谈时主要的观察对象。从这些变化中，我们可以更为准确地了解对方的心理，并以此为基础调整自己的谈话角度与方式，这样才能直击人心，取得更好的沟通效果。

这两个人初次见面，我得小心些。

很多人在嘲笑别人是一个察言观色的"小人"的同时，又偷偷地羡慕别人到哪里都如鱼得水。其实通过观察别人、适当地迎合别人来取得更好的沟通效果并不是什么难堪的事，反而可以称得上是一帖"济世良药"，而不会察言观色的人可能在走每一步时都"步步惊心"。

听懂弦外之音，达成心灵默契

俗话说："锣鼓听音，说话听声。"在人际交往中，出于种种原因，说话人可能不方便直接表达出自己心中所想，而是采用了一种隐晦的说法。在这种时候，听话人如果不能读懂对方的弦外之音、听不出对方真正的想法，而是根据表层含义去应答，那么双方势必无法达成共识，而如果听话人能听懂话外之意，那么沟通自然也会顺畅许多。

据说，我国明朝开国皇帝朱元璋曾当着几位官员的面作了一首诗，诗中这样写道："百僚未起朕先起，百僚已睡朕未睡，不如江南富足翁，日高丈五犹披被。"当时，江南有位富翁，名叫万二，在朱元璋作诗三天后，万二从自己做官的朋友处听到了这首诗。听完此诗后，万二立即意识到

百僚未起朕先起，百僚已睡朕未睡，不如江南富足翁，日高丈五犹披被。

皇上这是决心整治江南富商了呀！

眼中有尺度
——做个有眼力见儿的人

朱元璋已经决心整治江南富商了，于是他回到家后，广散家财，只带着家人和一小部分钱财躲到偏远的地方隐居了起来。果然，不到两年，朱元璋就整治了江南富翁。

人的心理、欲望、目的等都是通过语言或直接或间接地表达出来的，会说话的人都懂得如何准确分辨说话人的话语中是否暗含未尽之意，然后再决定自己说话的方式与内容。可以说，他们说话时经过了慎重的思考，是有选择、有针对性地说话。与这类人交流时，人们可以放心地以一种隐晦的方式说出那些不好意思直白道明的话，不必担心对方听不懂，也不必将所有事都说透，谁不愿意与这类人交往呢？

这件事你肯定能办好，不用我说你也知道怎么办吧。

李总，我完全明白你的意思。我肯定会办好这件事的。

的确，在人际交往中，为了顺畅地交流和沟通，人们应该学会听懂弦外之音。那么，究竟怎样才能听懂说话人的弦外之音呢？通常来讲，若出现下列几种情况，那么对方说话时很可能藏有言外之意。

◎对方想插言，但欲言又止、支支吾吾，此时可以结合刚才自己说过的话来推断对方想说的话。

◎对方在个别音调特意重读时，要仔细思考对方的意图是什么。

◎当对方在谈话时突然停了下来，你要领会对方的意图。

◎当对方突然改变了谈话的语气时,你要留意对方是否有弦外之音。

◎当对方认真与你对视,并重复说了某句话时,要仔细分辨对方话语的弦外之音。

◎若谈话结束,且对方有特殊的行为举止时,要仔细领会对方的想法。

◎当对方对你不经意的言语表现得十分关注时,要对此有所敏感。

◎当对方故意做出某种暗示性的动作或表情时,你要弄懂对方的意思。

清楚说话人在何时可能说出带有弦外之音的话语只是基础,想要真正准确辨别他人的弦外之音,就要清楚人们在表达言外之意时采取的方法。通常情况下,人们表达言外之意的方法主要有下列几种。

1. 比喻表意法

比喻是文学创作时经常使用的修辞手法,在日常交谈时人们也经常使用。谈话双方以相通的知识为前提,由此意彼,借以表达真实的意图。

有个女孩子到了30岁还不想结婚,她的父亲对此十分着急,劝告她说:"你可不是皇帝的女儿啊!"

女孩子完全没有在意,回答道:"别担心,爸爸,大海里多的是鱼!"

"话是没错,孩子,"父亲笑了笑说,"但鱼饵放的时间长了就没有味道了!"

整段对话中,完全没有提"结婚"二字,但通过"皇帝的女儿""大海里的鱼""鱼饵"等比喻清晰地表达出了说话人的意思,同时也让谈话氛围轻松活跃,毫不僵硬。

2. 委婉迂回法

在某些场合、某些情景下,有些话不能明说,也不好明说,于是,人们经常会采用旁敲侧击的方法来表达自己的想法。

眼中有尺度
——做个有眼力见儿的人

南朝齐高帝酷爱书法,他曾与书法家王僧虔一起研习。有一次,高帝心血来潮问王僧虔说:"我们二人的字谁的更好?"对于王僧虔来说,这实在是个棘手的问题,若说高帝的字胜于自己,那既有欺君之嫌又是违心之言;但若说高帝的字逊于自己,又会令高帝难堪,甚至可能导致高帝与自己离心。王僧虔略微思考后回答道:"我的字是臣中最好的,而您的字是君中最佳的。"

齐高帝之前的皇帝本身就不多,宋徽宗之类长于书法的皇帝也是之后才出现的,而历朝历代的臣子却数不胜数,王僧虔的言下之意已经十分明了了。高帝听懂了王僧虔的弦外之音,哈哈一笑,也就没有再提起这件事了。

王僧虔以委婉的方式说出了自己真实的想法,而高帝听懂了王僧虔的弦外之音,顺着话语揭过了这件事,维护了君臣之间的稳定与和谐,对君臣、朝廷乃至整个国家都是一件好事。

3. 一语双关法

一语双关是一种修辞方式,用词造句时表面上是在说甲,而隐藏的意思却是在指乙。由于汉语中有许多一词多义、音同字不同的现象,所以人们经常用双关语来表达言外之意。

相传，清末著名政治家李鸿章有一个远房亲戚，虽然才学稀松，却对功名十分热衷，此人总是想借与李鸿章的关系来谋取功名。在某次考试中，这个人打开试卷后发现自己完全不会作答。时间流逝，眼看就要到交卷的时间了，他突然急中生智，在试卷上匆忙写下了"我乃李中堂大人的亲妻"几个大字，希望借此关系被考官录取。考官在批阅试卷时注意到了这份"奇特"的试卷，而且试卷上竟然错把"戚"写作"妻"，于是提笔便在试卷上写下了"所以我不敢娶你"的批语。"娶"音同"取"，考官以双关的"错批"对应试卷中的错字，令人在嬉笑中明白了考官的意思：胸无点墨之人，即使有靠山，也是不可能被录取的。

所以我不敢要你。

在生活中，我们每个人几乎都会碰到这种带有弦外之音的沟通和交流，如果我们能够根据当时的情况准确分析说话人的言语，就能够正确理解对方的心理，读懂说话人的真正目的，这样就能大大改善我们的沟通效果。如果说沟通是建立人与人关系的桥梁，那么读懂他人的弦外之音则是让这座桥梁变得更加坚固的保障，它会让他人对你另眼相看，也会让你的道路变得更加通畅。

眼中有尺度
——做个有眼力见儿的人

区别场合，说话也要因地制宜

庄重与轻松，快乐与悲伤，公开与私下……不同的场合有不同的禁忌，我们应当选择与之相匹配的谈话内容和谈话方式，"因地制宜"地说话，这样才能让话语恰如其分。

《战国策·宋卫策》中记述了这样一个故事：

卫国有人迎娶新媳妇。新媳妇刚一坐上马车，就问赶车人："左右两边的马是谁家的？"赶车人回答说："借来的。"新媳妇就对他说："鞭打两边的马，中间夫家的马也会跟着跑。不要鞭打中间的马了。"车来到了夫家门口，新媳妇下车的时候，吩咐送亲的老妇人说："快去灭掉灶里的火，以免不慎失火。"走进屋内，新媳妇看到了石臼，又说："把它挪到窗台底下，放在这里会妨碍人们走路。"众人都觉得她十分可笑。

把它挪到窗台底下，放在这里会妨碍人们走路。

其实，新媳妇的三句话都是善意的、对夫家有好处的，可为什么人们反而会认为她可笑呢？原因就在于那三句话与当时的时间和场合不相容。新媳妇还没有正式嫁入夫家，就管这管那，指手画脚，仿佛在这里当家做主了很久一样，这就是她的可笑之处。由此可见，说话能否取得良好的效果，不仅与表达水平有关，也与对具体时间、场合的把握密切相关。在不同的场合下，人们有不同的心境，这对说话者的表达和听话者的理解都会产生相应的影响。只有在合适的时机，说出恰当的话，才能取得最佳效果。

> 我现在是这个家的女主人，你们要按我说的做。

那么，我们应该怎样根据场合来说话呢？

1. 要接受场合的制约

不同的场合有不同的禁忌，有些话在其他场合可以说，但到某些特定的场合就不能说，因此，我们要根据不同的环境进行适时的调整，这样才能使自己的话语适应现场的气氛，与人更顺畅地沟通。

有一次，某地洪水暴发，解放军战士们始终奔波在抗洪抢险的第一线。事后，一位记者要对当时参与救援的一位军人进行采访。这位记者原本设想了这样一个问题："经过这次的事件，想必您对于人在生死之间的挣扎有了深深的感触，能说说吗？"但是在他即将问出这个问题时，一些灾民正好前来感谢这位军人。当着这些灾民的面问出这个问题显然是一种十分不礼貌的行为，还容易勾起灾民们对不幸遇难的亲人们的思念。于是，他将原来的问题改为了："经过这次的事件，您对于人们共同奋力抵抗自然灾害有哪些感触？"这样一来，记者既能获得原本想知道的答案，又不会伤害到灾民的感情。

很多时候，人们的言行举止都要受到场合的制约。

2. 积极寻找恰当的场合

针对某些问题，寻找到恰当的场合再表露会更容易被人接受。

小周是国内知名院校的毕业生，而且业务能力出众，因此颇得老板器重。但他平时恃才傲物，认为别人都比不上他，与同事的关系并不融洽。虽然很多人都劝过他，但都没有取得良好的效果。他依然我行我素，毫不在意他人的感受。

这一年元旦的时候，老板邀请下属们到他家里聚餐，小周也在被邀请的名单之中。虽然他很不想去，但碍于老板的情面还是答应了。在聚会上，老板找准时机语重心长地对他说："小周啊，你的能力是咱们团队里数一数二的，我很喜欢你，但是如果你一直像现在这样无法融入同事之中的话，恐怕我也不能留你了，因为凝聚力是一个团队必不可少的条件啊！"小周愣了愣，看着满屋子佯装笑脸的同事，惭愧地低下了头，并诚恳地向他们道了歉，大家也都原谅了他。在那之后，小周改正了自高自大的心态，与同事们相处得越来越好，他还在同事们的支持和帮助下，成了公司的骨干。

> 老板，我知道错了，我们是一个团体，我会和大家相处好的。

寻找恰当的场合，创造良好的氛围，而后再进行一次有效的沟通，远比进行一次又一次无效的沟通更有价值。

3. 注意话语的环境

话语本身所处的环境也是影响沟通的因素，如果不多加注意的话，就可能造成误会，对沟通产生负面影响。

某年春节前，几位年轻的领导干部一同慰问单位职工，这次前往的是一位退休的老工人家中。寒暄过后，几人落座，其中一个领导问道："您老的身子看起来还真硬朗啊！您今年高寿啊？"老工人乐呵呵地回答说：

眼中有尺度
——做个有眼力见儿的人

"我今年都81啦。""我看啊,咱们厂里就数您最长寿了吧?""哪有,哪有,B车间的老邢活到了86岁呢!""那您老也能称得上是长寿将军了。""那倒是,唉,可惜老邢去年得了场急病,没过几天就去世了。""哟,那这回应该就轮到您了。"

一听这句话,老工人气得脸色骤变,毫不留情地起身做了送客的手势。

年轻的领导说话时没有注意话语的环境,让老工人误以为他是说该轮到老工人去世了。如果他将最后那句话换一种说法,如"这回长寿冠军就应该轮到您了",那么就不会产生这样尴尬的场面了。

说话要注意场合,如不顾及对方的想法,不注意环境气氛,不到恰当的时机却急于将话说出口,很可能造成误解,引起对方的反感。

不论目前你正在从事哪种工作,你都应该关注与对方交流时所处的语言环境,这样才不会闹出笑话,不会造成尴尬,更不会使你的人脉"受伤"。在沟通中多花一份心思,你就多了一分胜算,这些细节往往能够决定你的成败。

求人尺度拿捏准

每个人一出生便与他人有了千丝万缕的联系,步入社会后,人们交往越来越多,所承担的职责也越来越多。当我们有问题无法独立解决时,就需要寻求他人的帮助和支持。

但是,对方并没有帮助我们的义务,是否帮助我们都是视对方的能力和心意而定。因此,我们在求人办事时,要掌握好方法与尺度,这样才能增加成功的概率。

引滦入津工程是20世纪80年代初期的大型供水工程。但是,由于炸药无法及时补充给负责隧洞施工任务的部队,这项工程很可能被迫停工,导致工期延误。部队领导十分着急,连忙让李连长去某化工厂寻求

这可急死我了。得赶紧找到炸药的供应才行。

眼中有尺度
——做个有眼力见儿的人

帮助。李连长等人马不停蹄地行进了千余里终于来到了该厂，可是只得到了供销科一句冷冰冰的回答："现在没货！"李连长并不气馁，他转头去找了厂长。厂长十分繁忙，根本没时间接待他，于是他就跟在厂长后面，一有机会就说几句，但厂长毫不动摇，也冷冷地告诉他："现在没货，无论你怎么说我也爱莫能助。"厂长倒了杯茶给他，劝他再去别的地方看看。但李连长却喝了口茶，说道："这里的水真甜啊！可是天津的人民却那么苦。他们喝的水都是那些海河槽、洼淀里的苦水，那水连茶叶都不用放，直接就是黄的。"李连长看到厂长戴着天津生产的手表，又说："您戴的手表是天津生产的。听说，咱们国家现在每10块表里就有1块产自天津，每10台拖拉机里就有1台产自天津，每4个人里就有1个人在用天津的碱。您在办工业上是行家，工业与水的关系您再清楚不过了。每制造1辆自行车就需要1吨水，每制造1吨碱就需要160吨水，每制造1吨纸就需要200吨水……现在天津这么缺水，只有引滦入津的项目成功了，才能解燃眉之急啊！但是没有炸药，工程就不能如

您放心，我一定尽我最大的能力帮助您解决问题。

天津的人民却那么苦。他们喝的水都是那些海河槽、洼淀里的苦水，那水连茶叶都不用放，直接就是黄的……

期完工……"听了这些话，厂长内心有所触动，于是问道："你是天津人？""不是，我是河南的，即使通水了，我可能也不会喝到滦河水！"厂长彻底被打动了。于是，他让工人们加班加点地赶工，终于制出了一批炸药。3天后，李连长带着足量的炸药踏上了归途。

李连长在寻求对方的帮助时，放低了姿态，掌握好了尺度，以情动人，最终达到了目的。如果他一味地诉说自己的难处，生硬地要求对方，那么想必双方最终只能不欢而散。

求人办事应当拿捏好尺度，那么具体要注意哪些问题呢？

1. 将自己的姿态放低

求人的重点在于"求"字，想要让对方给予帮助，就一定不能端着架子，更不能大模大样，好像不是你有求于人而是对方有求于你似的。我们要将姿态放低，豁得出去面子，端得正态度。只要能将事情办妥，偶尔放下姿态也无伤大雅。有些人自命不凡，怎么也不肯放下架子寻求帮助，其实这样的思想是狭隘的。

2. 准确拿捏诉求的语气和态度

在寻求帮助时，我们当然要放低姿态，但是放低姿态并不意味着自己就低人一等。求助不是乞讨，做出一副可怜兮兮的模样虽然可能会让

对方心生怜悯，但这在无形中也降低了你在对方心中的地位与价值。正确的方式应当是诚恳真挚、不卑不亢，谦恭有礼而不自卑，恭谨真诚而不自馁。

3. 时机应恰到好处

能否选择恰当的时机可能会左右事情的成败。不该打扰对方的时候偏要上门，不该开口的时候偏要开口，那么所求之事多半对方不会帮忙。因此，我们应当把握好开口的时机。当对方正在忙碌或无暇顾及你的时候，当对方心情不好的时候，当现场还有外人的时候，当地点不适宜谈话的时候，都不是寻求帮助的好时机，此时开口只能铩羽而归。

4. 对被求助者要有一定的了解

寻求他人的帮助时，应当对被求助者的性格特征、处世方式，以及自己在对方心中的地位、印象等都有一定的了解，这样才能更好地采取有针对性的措施。譬如有些人为人慷慨，有些人视财如命，那么如果要借钱就尽量不要选择后者；有些人更欣赏落落大方、直来直往的人，那么你在向其求助时，也要少兜圈子，避免引起对方的反感……

求人办事时，表达技巧必不可少，而洞悉对方的思想情态与价值取向则是运用技巧的条件与前提。

每个人都有不同的优势，也有不同的劣势，寻求帮助是一件很正常的事情。而既然有求于人就要做出求人的姿态，放低姿态，把握好求人的尺度，掌握正确的表达技巧，以不卑不亢、谦恭有礼的态度请求对方，这样才更可能赢得对方的帮助。

趣味小测试

公司同事不小心把会客室的花瓶打破了，而你正好看到这一幕，你会对同事说什么？

A. 直接问问秘书吧，她肯定会解决的。
B. 没关系，我来替你想想办法。
C. 坏了就坏了吧，管它呢。
D. 董事长性情温和，认真道个歉就行了。
E. 这只花瓶特别贵，太糟糕了。

测试结果

A. 你为人稳重、严谨，做事时通常能三思而后行，有较强的表现欲，但有时可能会因自以为是而弄巧成拙。

B. 你性情活泼，有较强的社交能力，人缘很好。

C. 你有些高傲，不愿被别人领导。虽然你不太适合团队合作，但独自完成任务时却能表现得十分出色。

D. 你个性浪漫，对于美有很敏锐的感觉。你在思考问题时更多依靠直觉，有些情绪化。

E. 你容易急躁，为人处世不够圆滑，需要在人际关系方面多下功夫。

接话的艺术

心中有分寸
——别在惹怒别人的边缘疯狂试探

说话时，要做到心中有分寸，知道什么时候说什么话，不能指人痛处，揭人伤疤。还要学会适当的拒绝与倾听。

有一种尊重叫作看破不说破

"树活一张皮,人活一张脸",对很多人来说面子是非常重要的。但是有些人说话做事太过直白,一定要将别人的事说破、点透,得罪了人还不自知。

在某次讨论会上,赵教授遇到了一位记者,他曾经读过这位记者撰写的许多文章。几番寒暄过后,赵教授对这位记者说:"早听说您在星宿方面颇有建树,是位赫赫有名的天文学家。"

记者听后微微一愣,以为赵教授误把自己当成了别人,于是赶紧说明道:"您真是太幽默了,我只是个小记者,想进行天文研究也是心有余而力不足,这中间是不是有什么误会?"

早听说您在星宿方面颇有建树,是位赫赫有名的天文学家。

您真是太幽默了,我只是个小记者,这中间是不是有什么误会?

心中有分寸
——别在惹怒别人的边缘疯狂试探

赵教授一脸正色地回答说:"我从您发表的文章中总是看到您发现'著名影星''电视新星'之类的星宿,想必您一定在天文学方面有独到的研究。"

这番话让这位记者十分尴尬,他之后没再对赵教授说一句话,没过多久就离开了。

在人际交往中,尽管练就一双"火眼金睛"十分重要,但学会做一把筛子也同样重要,哪些话能说、哪些话不能说都要先在心中进行筛选。故事中的赵教授看似幽默、委婉,实际上他肆无忌惮地讽刺了那位记者,最终弄得场面尴尬,对方难堪地离场,甚至可能因此与赵教授结仇。此时,"看破不说破"的智慧就显得尤为重要。

> 我会看破不说破。

"看破不说破"是一门深奥的学问。人非圣贤,孰能无过?人就是在不断犯错、不断改正的过程中逐渐成长起来的。看到别人的差错、问题,如果只是一味地横加指责、大加讽刺,只会让被指责的人远离自己。但这并不意味着要对他人的错误视而不见,相反,劝导也是非常有必要的,关键在于其中的分寸与尺度。看破不要直白地点破,而是点到为止,这样才能维持良好的人际关系。

小徐是某位高官的女儿，自小娇生惯养；小李是普通人家的孩子，大学毕业后成了一名普通的公务员。两人恋爱后，小徐常在不经意间显露出一种优越感。一次，小徐来到小李家做客，恰巧遇到小李的妹妹来小李家玩。小徐对小李妹妹的某些生活习惯总是流露出看不惯的样子，还不时在小李耳边说着什么，吃完晚饭还支使着小李妹妹忙个不停，不是让烧水，就是让擦桌子之类的。小李看后觉得心里很难受，可又不好直言指责。于是，他故意找了个时机，当着小徐的面和妹妹开玩笑道："要当师傅先学徒嘛！你现在提前演练演练也好，等以后你结了婚，才能摆起师傅的架子。"小徐从小李的话中听出了什么，觉得自己做得确实有些过分，便不再支使小李的妹妹，之后还对小李承认了自己的错误。

> 要当师傅先学徒嘛！你现在提前演练演练也好，等以后你结了婚，才能摆起师傅的架子。

在处世过程中，有许多事情不必寻根究底，点到为止才是最好的处理方法。故事中的小李以一句"要当师傅先学徒"隐晦地提醒了对方，对方听出了小李的言外之意就会反思，继而改正，避免了正面冲突。

在工作中，"看破不说破"的道理同样适用。

一次，某商场的经理王先生到商场巡视。他来到柜台前，发现有位顾客徘徊了很久，可周围没有任何店员为她做指引，店员们都在一个角

心中有分寸
——别在惹怒别人的边缘疯狂试探

落里,正聊得开心,完全没有注意到顾客。王经理看到这样的情形,并没有直接斥责那些店员,而是亲自为这位顾客服务,耐心地为顾客推荐她需要的商品,并将她要买的东西交给了店员去打包,随后离开了商场。

故事似乎还没有结局,不过你应该能猜到,这些只顾闲聊的店员虽然事发时有些尴尬、忐忑,但看到王经理只是提醒了他们,点到为止,保全了他们的面子,所以,他们自然感受到了王经理的用心良苦,自然会毫无怨言地改正自身的错误,尽力做好自己的工作。

我国的画家在绘制山水图时通常在水面上方的位置留下大幅空白,有时也会添上落日、海鸟之类的图景,让人品味画中意境。诗人写诗也是这样,言尽而意不尽,仅用寥寥数语便勾勒出了一幅栩栩如生的画面。同理,与人沟通交谈时,最好也能做到点到为止,让对方自己思考、反省并寻找解决措施。

作画要讲究意境,不能太满。

恰当的沟通可以迅速提升交际的水平与档次,减少交际的局限,其中的关键就在于把握分寸。应当坚持时要坚决执行,应当变通时要灵活变通,与人交往,不能一根肠子通到底,要学会"看破不说破""点到为止",为他人留有余地,也让自己的道路更加宽阔。

拿捏不好尺度的玩笑不是玩笑

适当的开玩笑能够使人紧绷的神经得到放松，让氛围变得轻松、活跃，令人与人之间的距离逐步缩短，因此，喜欢开玩笑的人通常也是人群中较为受欢迎的人。但是，开玩笑也并非没有负面效果，如果玩笑开得过了火，势必会引起人们的反感，让气氛变得尴尬。

愚人节那天，方方和同事们都忐忑不安，就怕落入谁的"陷阱"之中，被大家取笑。好在一个上午过去了，办公室里风平浪静。午休的时候，琳琳突然冲进了办公室，面色焦急、气喘吁吁地大声朝方方喊道："方方，楼下刚才出车祸了，被撞的人好像是你的男朋友，现场到处都是血！"方方听了这话大脑顿时一片空白，六神无主地朝着楼下跑去。可谁知到了楼下一看，却发现楼下一切如常，什么事情也没有发生。

啊！

方方，楼下刚才出车祸了，被撞的人好像是你的男朋友，现场到处都是血！

心中有分寸
——别在惹怒别人的边缘疯狂试探

方方稍微冷静下来后，才想到应该直接给男朋友打电话询问情况。电话没过多久就接通了，男朋友告诉她，他刚才与同事一起吃午饭去了，并没有去找她。方方终于放下心来，转身回到了办公室。办公室里，琳琳正洋洋自得地跟同事们说着这件事，言语之间充满了成就感。同事们看方方脸色不好看，都不好意思多说什么。只有一位同事问："这个玩笑是不是开得有点儿大？"琳琳满不在乎地说："不就是开个玩笑吗，有什么大不了的。"见琳琳如此说，大家都哑口无言了。

想要维护好一个轻松和谐的办公氛围，同事们聚在一起开开玩笑、相互打趣是难免的，这也正是同事之间亲密友好的体现，更何况琳琳开玩笑那天还是愚人节。但是"物极必反""乐极生悲"，如果开玩笑一旦过了火，很有可能导致双方不欢而散，甚至让友谊产生裂痕。

筱慧是一个性格开朗、工作努力的人，同事们都很喜欢她，但却总得不到老板的欣赏，反而经常被老板找麻烦，筱慧对此感到很委屈。后来，筱慧的朋友看不过去了，提醒她："你有没有在言辞上不尊敬老板？"

要想得到老板的欣赏，你言辞上要先尊敬老板。

为什么老板不欣赏我呢？

听到朋友的话，筱慧猛然间想到了几件事情：刚来到公司时，老板对包括自己在内的所有人都很温和。时间长了，大家的胆子就大了，再加上自己平时就喜欢开玩笑，于是也就用老板开起玩笑来。那天，老板穿着一身崭新的灰色西装来到了公司，但灰色的可不只是西装，衬衣、鞋子、领带，甚至袜子都是灰色的。筱慧看到后神态夸张地说道："老板今天换了一身精神的新衣服啊。"这话当然让老板很高兴，但是还没等高兴完，筱慧又补充了后半句话："活像只灰色的大老鼠。"

还有一次，同事去找老板签字，看到签名后同事不住地夸奖老板的字写得潇洒、漂亮。筱慧正好也在，听了这话在旁边笑着说："可不是潇洒吗？老板自己悄悄练习了好久呢。"这话一出口，办公室里的气氛顿时尴尬起来。

开玩笑确实可以拉近同事间的距离、缓和人际关系，但如果玩笑内容不恰当，甚至带有人身攻击的成分，那么只能破坏人际关系。筱慧虽然踏实肯干、聪明活泼，但就是因为不能把握好开玩笑的分寸，所以在工作上举步维艰。

心中有分寸
——别在惹怒别人的边缘疯狂试探

那么应该怎样把握开玩笑的分寸与尺度呢？笼统来说，态度友善、言辞合理、分清对象和场合等都是值得注意的事项。但具体说来事项纷繁复杂，很难对其进行严密的整理，因此人们反向总结出了一些开玩笑的禁忌，只要不触碰这些禁忌，那么开玩笑尺度的难题也就迎刃而解了。

1. 内容要健康，切忌污言秽语

这之中包括两点。第一，内容上要健康，不要将低级当作有趣。别人的生理缺陷、忌讳之处、极为私密的问题等都不要用来开玩笑。玩笑的内容与开玩笑者的审美情趣、文化素养等密切相关，若将低级趣味当作玩笑，只能让别人认为你缺乏修养。第二，形式上要用语文明，不要污言秽语。

2. 态度要友好，切忌以贬低他人来抬升自己

与人为善是为人处世的重要原则，在开玩笑的问题上也是如此。如果借开玩笑为名，行冷嘲热讽、发泄怨气之实，那么只会显示出自身修养的缺失，将他人推离自己。

3. 对象要分清，切忌无差别对待不同的人

长幼有序，男女有别，亲疏有分，性情有异。不同的人由于各方面

> 你这长得太丑了，难怪老师不喜欢你。

的差别导致心理承受能力不同，可能对同一个玩笑产生不同的看法。我们对寡言少语、自尊心强的人要少开玩笑，与不熟悉的人开玩笑更要慎重。

4. 场合要选好，切忌不分时间、不分地点地随意开玩笑

开玩笑是件轻松、愉悦的事情，但要选择恰当的时机与地点。如果正处于庄严肃穆的场合，那么开玩笑明显有些不合时宜；如果处于喜庆祥和的场合，开玩笑本应增添愉快的气氛，但如果玩笑过度，只会令人扫兴，全国各地婚"礼"变成婚"闹"的事件还少吗？

与人相处需要玩笑来调剂，但如若失了分寸只会令人反感，让自己成为玩笑。如果同学考试失利你以此打趣，朋友公司破产你以此取乐，同伴生病住院你以此玩笑……这些本该报以同情的事情变成了你口中的笑话，你怎么能得到别人的喜爱？这样不仅会使对方尴尬，也会显示出你的冷酷无情。

过度的玩笑不能称之为玩笑，只能称为嘲笑，只有时机适宜、他人需要、场合相宜、言语适度的玩笑才算是生活的调剂品，才能展现出开玩笑者的魅力。

心中有分寸
——别在惹怒别人的边缘疯狂试探

拒绝的话要说得恰到好处

世界上没有完全相同的人,却有十分相似的性格,有些人性格开朗、外向,有些人性格内向、温和。许多内向的人都不愿意拒绝他人的请求,也不知如何拒绝,最终弄得自己身心俱疲,还得不到对方的认同。其实有时候,拒绝是不得不为的,只不过我们在拒绝对方的时候要讲究方式方法。

某公司的总经理在事业上取得了很大的成功,有自己的一套独特的管理方法,因此经常有人邀请他去做报告、上节目。但是这些邀请实在太多了,经历了一段时间的忙碌后他病倒了。为了更好地调理身体,他决定推掉所有事务,去某地度假。但就在假期开始的前一天,有位朋友给他打来电话,想要邀请他下周一到某地做个报告。通话时,他一时间

找不到恰当的理由拒绝，只好对朋友说："我查查日程表再告诉你好吗？我最近的工作特别多。"结束通话后，这位总经理仔细想了想，终于想出了一个办法。于是他打电话跟朋友说："真是不好意思，我刚才查了查日程表，发现下周一我得到外地去参加一个会议，要到下周末才回来，恐怕到你那里做报告是不行了。这样吧，我回来之后再联系你，到时候咱们再讨论做报告的事情，你看怎么样？"

总经理没有直接拒绝，而是委婉地告诉对方自己已经有了安排。这样既照顾了对方的情绪，也给自己留下了余地，在没有对双方关系造成伤害的前提下，维持了自己原本的安排，把握好了拒绝的分寸。

不会说"不"的人，总是按照别人的想法做事，将自己弄得筋疲力尽，原本是想讨好每个人，但当无力使事情继续进行时，反而会得罪别人。与其顾此失彼不如择其善者全力应对。所以，我们要勇于拒绝别人，而且拒绝时还要说得有技巧，争取对方的谅解，维护好双方的友好关系。

1799年，年轻的拿破仑·波拿巴将军在意大利战场大获全胜。自此，他在巴黎社交界身价倍增，也成了众多贵妇青睐的对象。

心中有分寸
——别在惹怒别人的边缘疯狂试探

拿破仑并不热衷于此,但总有人对他纠缠不休。当时名噪一时的才女、文学家斯达尔夫人,就给拿破仑写了几个月的信,迫切想要结识这位上流社会的新贵。

某次舞会,拿破仑和斯达尔夫人都有出席。只见斯达尔夫人头上缠着宽大的包头布,手里拿着桂枝,穿过人群,朝着拿破仑走了过去。拿破仑来不及躲避,只得看着斯达尔夫人靠近。斯达尔夫人将一束桂枝朝着拿破仑递了过去,但拿破仑没有接受,而是说道:"这束桂枝应该留给缪斯。"

斯达尔夫人没有听懂拿破仑的言外之意,以为这只不过是一句俏皮话,并没有感到尴尬,而是继续纠缠着拿破仑。出于对女性的尊重,拿破仑也不好生硬地打断对方的话语。

"将军,您最喜爱的女人是谁呢?"

"是我的妻子。"

"哦,这是当然的。那么,您最重视的女人是谁呢?"

这束桂枝送给您。

这束桂枝应该留给缪斯。

"是最会照料家务的女人。"

"我想我可以想象到。那么，您认为最有本领的女人是谁呢？"

"是孩子生得最多的女人，夫人。"

这下子，斯达尔夫人总算是明白拿破仑不喜欢她了，于是只好找借口离开了。

唉！我现在才明白他是不喜欢我的。

面对斯达尔夫人的追求，拿破仑没有直接表示拒绝，也没有用"反正不是你"等激进的词语来回应，而是以委婉的方式来拒绝对方，让对方自动放弃。这既表达了拿破仑对斯达尔夫人的拒绝，显示了风度，又足够含蓄、委婉，不至于对斯达尔夫人的自尊心造成重大的伤害，破坏双方的关系。

多为他人着想，乐于伸出援助之手，本无可非议，但是，我们不能因为那些没有价值的事情而再三委屈自己，将自己逼入窘境。那么如何将拒绝的话语说得恰到好处呢？

1. 用沉默表示拒绝

当别人向你提出了一个问题，你不想回答或是答案是否定的，这时，你可以不表明态度，或者付之一笑，对方自然会明白你的意思。例如，一位不太熟识的朋友发来请帖，邀请你出席某个不重要的活动，你可以不予回复，这样的表现已经说明你不愿前往。

2. 先认同后拒绝

有时他人提出的请求、意见等虽属合理，但又因外部条件的制约而无法实现，这时可以先认同，表示同情与理解，然后再婉言相拒。例如，下属经过仔细研究，提出了一套改革方案，但你看过后，发现这套方案还不成熟，这时，如果你直接拒绝，必然会打击对方参与公司事务的积极性，因此，你可以这样对下属说："这个设想很新奇，你能站在公司的角度上考虑问题，我感到非常高兴，但公司目前还不具备实施这套方案的条件，等以后发展到一定阶段，我们再来仔细考量这套方案。"这样的说法，既拒绝了下属，又维护了他的尊严，并使他的积极性得到保护。

3. 用赞美法表示拒绝

所有人都喜欢听到别人的赞美，因此，在拒绝别人之前也可以先赞美对方，以此来缓和气氛，之后再拒绝就不会过于突兀了。

孙女士是一位资深的摄影师，她在需要表示拒绝时经常先赞美对方，这为她赢得了很好的人缘。某次，一位朋友邀请她加入某协会，但这个协会经常组织活动，必然会影响孙女士的本职工作，她不想加入。于是，孙女士婉转地对朋友说："很高兴能收到您的邀请。我早就听说过贵机构，也确实非常钦佩贵机构为社会所做的贡献。可惜我平时的工作本就十分忙碌，实在无法分身。您的美意我只能心领了。"孙女士的拒绝温文有礼，而又态度坚定，既维持了自己的想法，又不会触怒对方。

拒绝需要一定的勇气，但勇于拒绝的人不一定能将拒绝说得恰到好处，掌握分寸，学会拒绝，让你的生活因妥善拒绝而更加多彩。

话说七分满，空头支票莫乱开

许多人习惯于把话说满、轻易许诺，但嘴上说得干脆，真正做起来却拖拖拉拉。把话说满却无法兑现必然会导致自己的信誉度降低，因此，说话时应给自己留有余地、不轻易许诺，才能让自己进可攻、退可守，始终处于主动地位。

老刘是一名商人，售卖袜子。他卖的袜子可不是那些几元、十几元的便宜袜子，而是均价上百元的"高级"袜子。贵自然有贵的道理，这种袜子透气性很好、经久耐用、非常舒适，完全配得上它的价格。照理说，质量这样好的商品即使稍微贵些，那也应该不缺少顾客，可事实却不是这样。老刘经常因为顾客不多而苦恼，这是为什么呢？原来，他在向顾客推销时经常这样形容："这袜子结实耐用，弹性特别好，刀割不烂，

心中有分寸
——别在惹怒别人的边缘疯狂试探

火点不燃,装下半斤大米也没问题。"听到老刘的话,顾客们都来了兴趣,纷纷要求烧一下试试,老刘一看这种情况就着急地说:"我就是打个比方,只是想说明袜子质量好,可不是真能防火。"这样一来,顾客们都觉得老刘说话不靠谱,也就不会去买他的袜子了。

老刘这样说无非是想吸引顾客的注意力,但是他把话说得太足、太满了,完全没有留下任何余地,只能给人留下不值得信任的印象。说出去的话就像泼出去的水,如果轻率说话、轻率许诺,只会丧失自己的信誉。

当别人托你办事时,请你先三思,冷静地思考一下,综合考虑事情的难易程度与自己的能力,判断自己是否能办到,然后再告诉对方自己的决定,切忌毫不犹豫地答应。

生活中有许多人无法把握承诺的分寸,总是将"这事没问题,包在我身上了""我一定给你解决"之类的话挂在嘴边,但最后这样的承诺只会变成一条绳索,勒紧了自己的脖子。

某学校要评选教师职称,主任对青年教师承诺说,要让三分之二的人都能成功晋级。但当他正式申报时，问题产生了，名额是有限的，领导不可能将大部分名额都分给同一所学校，这份申报被拒绝了。主任当然不能就此放弃，为此他据理力争，反复去找领导，说得口干舌燥，但问题依然没有得到解决。可他又不愿意将真实的情况告诉这些青年教师，只能硬着头皮对他们说："放心，既然我承诺了就肯定办到。"

最后，职称评定情况有了定论，教师们看到公布的结果失望极了，主任一时间成了众人不满的对象。甚至有人直接去质问他："主任，你承诺我的职称呢？"之后，主任在青年教师那里失去了信誉，同时领导对他也有诸多不满。

事物总是在不断变化的，时间的推移、条件的改变等都可能使原本轻松能做到的事情变得十分困难。把话说得特别满或轻易许诺，表明你完全没有考虑过各种变化以及可能遇到的困难。这样一旦碰到困难，就只能眼睁睁地看着之前的努力全都白费，从而使自己变成了言而无信的人。许诺越多，问题越多。因此，我们无论何时都不要把话说满，更不要斩钉截铁地保证一定能完成，而是要留有一定的余地。当然，留有余地不是给自己的不作为找理由，而是为了不让对方从希望的高峰跌入失望的低谷。

有些人认为，如果说话时总是给自己留有余地，必然要思前想后，这样一来反而不能自然地沟通了。其实只要注意以下几点，就不会有太大问题。

1. 不要说违背事实、违背常理的话

违背事实、违背常理的话明显是不可能实现的，一旦说出这样的话必然会留下漏洞，而且绝对无法反驳和辩解，这就如同亲手把自己的话柄交给了对方。同时，这样的话也是最容易被人看穿、反驳的，会让人对你产生爱吹牛的印象。

2. 不要说太过绝对的话

心理学研究表明，通常情况下，凡是带有极其绝对意味的话，如"事情绝对是这样的""这个问题我有百分之百的把握"等，都容易让人本能地产生一种排斥、怀疑的感觉。因为人们不自觉地就会怀疑：难道事情完全就像他说的这样，没有任何偏差吗？因此，过于绝对的话反而容易降低可信度。

3. 对自己有准确的认识

人贵有自知之明。认清自我、了解自我、正确看待自我是人们极容易忽略的地方，但如果能对自己有一个准确的把握和了解，清楚知道哪些事情自己能做到，哪些事情自己完不成，才不会轻易开出"空头支票"，害人害己。

一个人的说话态度的确可以体现他的自信程度，但我们更要记住，说话是为了更好地与人交往，说话态度、承诺等都是为这个目的而服务的。如果把话说得太满或信口许诺，只会失去他人的信任，不妨学会言语谨慎，给自己留下一些余地，也给成功留下一丝空间。

你怎么专踩他人的痛处

几乎所有人都有自己的禁忌，也都讨厌别人碰触自己的禁忌，因此我们要谨慎说话，不要一不留神就犯了他人的忌讳。

小李身材高挑、样貌英俊，当年由于年少轻狂，女朋友换了一个又一个，在大学校园内有"情场浪子"之称。毕业后，他收敛了心性，变得成熟稳重起来，当年的那些风流韵事他都不愿再提。现在他成了一家外资公司的高级职员，还找了一个名叫莉莉的女朋友，他们双方的感情非常好。某次同学聚会时，小李也将莉莉带了过去。

大家谈天说地，聊得很开心。这时，小李的死党"快嘴王"小陈换了话题，说起了大学校园里发生的浪漫爱情故事，而故事的主人公就是"情场浪子"小李。

心中有分寸
——别在惹怒别人的边缘疯狂试探

小陈绘声绘色地讲述了小李怎样引得追求他的女生络绎不绝，又怎样与女生风花雪月、卿卿我我，甚至还将小李故意戏弄女生感情的"黑历史"讲给了莉莉听。起初，莉莉觉得很新奇，听得津津有味，但随着故事的女主人公不断变换，再加上小李玩弄女生感情的"前科"，莉莉越听越难受，终于无法压制心中的难过和怒火，离席而去。而小李只好撇下朋友，赶紧去追莉莉。

小陈不是故意想要揭小李的伤疤，只是顺着良好的气氛说出了老友的"黑历史"，但这些"黑历史"很可能让莉莉怀疑小李对自己的心意，不但让小李与莉莉产生了矛盾，甚至还会引起小李的怨怼。

在交谈中相互调侃的人大多都没有不良动机，他们只是想要活跃气氛，但如果不能把握好分寸和尺度，就会导致不良后果，所谓"说者无心，听者有意"就是这个道理。还有些人只顾逞一时口舌之快，有意无意地戳中他人的痛处，对他人造成了伤害，因此而葬送了曾经深厚的友谊。其实，许多语言伤害都是能够避免的，只要掌握分寸，避开别人的痛处，许多伤害都不会产生。

夫妻可以说是最了解对方的人，吵吵闹闹也很正常，但如果在争吵

中口无遮拦，总是揭对方的短，甚至让对方当众出丑，从而获得降伏对方的快感，这种做法实在有欠妥当。

有些话语十分伤人，可有些人偏偏以说这类话为乐，想要显示自己的优越性。

英国作家托马斯·富勒曾说过这样的话："失足所带来的伤痛愈合得很快，但失言所导致的严重后果，却可能使你抱憾终生。"

失足所带来的伤痛愈合得很快，但失言所导致的严重后果，却可能使你抱憾终生。

如果你想要与周围的人建立或保持良好的人际关系，那么言谈之间请一定要避免提及别人的痛处。

对任何人来说，被触碰痛处都是件不愉快的事。因此，无论处于何种情况，避免碰触对方的痛处，不仅是与人相处应当具备的素养，更是在都市丛林中应付自如的条件。

几位同事为了给魏先生庆功而一起聚餐。席间，同事沈先生为了表示对魏先生的敬佩便举杯敬酒，并说道："我提议，咱们为了魏先生这次的成功干杯！从魏先生崎岖坎坷的经历来看，我认为想要成就大事必须得有三证。"同事们都好奇地问是哪三证，沈先生回答说："首先要

心中有分寸
——别在惹怒别人的边缘疯狂试探

有大学毕业证,其次要有监狱释放证,最后还得有离婚证。"听完这话,同事们目瞪口呆,魏先生的心里也很不是滋味。

你现在成就大事得有的三证已经齐全了。

沈先生口中的三证中有两证明显是魏先生不愿意提及的,而沈先生却口无遮拦地将其公之于众,这显然是对魏先生的不尊重,也是其待人处世的缺陷,如果不能及时改正,那么他今后的工作、生活也一定会步履维艰。

有涵养的人即使怒火冲天,也不会扩散愤怒的波纹。欠缺涵养的人,一旦被激怒,往往暴跳如雷、口出恶言,以侮辱性的语言攻击别人最不愿提及的地方。而痛处一旦被别人攻击,即使修养再好的人也难免心生怨气,与对方产生隔阂,甚至可能导致双方分道扬镳。

另外,很多时候,我们不是故意要触碰别人的痛处,往往是一不注意便触犯了禁忌。最容易触碰别人痛处的时候,很可能是在想要安慰别人的时候。比如,某位朋友刚刚失恋,正痛不欲生,你想要安慰对方,于是故作高深地说一句:"我早就看出他根本就不是真心对你了!""他根本就是在耍你玩,当初的海誓山盟都是骗你的!"这样的话语只能让对方更加悲伤,可能在悲伤之余还会增添了一份窝囊和寒心。其实,这时最合适的安慰方式是和对方做一些快乐的事情,转移注意力,让对方逐渐忘记痛苦。

当然,如果你真的不小心提及了对方的痛处,也并不是只能眼睁睁地看着事情恶化,这时其实还有补救的办法,比如适当提一下自己的痛处。

某学生宿舍内,同宿舍的好友正在争论排位。小王明明是宿舍中年纪最小的,但却怎么也不想排在最末位,好不容易妥协后,心直口快的小方就顺口安慰道:"好了,好了,你排在最后,是咱们宿舍的宝贝疙瘩,碰巧你又姓王,以后我们就称呼你为'疙瘩王'好了!"小方的话音刚落,小王的脸就拉了下来,原来小王的脸上长满了痘痘,显得疙疙瘩瘩的,被小方这么一说怎么可能不生气!

小方话一出口就意识到自己说错话了,心中后悔万分,但表面却泰然自若,巧借余光中的诗句一边照镜子一边说道:"'蜷在两腮分,依

> 这是在说我呀!这话太伤人了,怎么能这么说我呢?

心中有分寸
——别在惹怒别人的边缘疯狂试探

在耳翼间,迷人全在一点点。'唉,这真是'一波未平,一波又起'啊!"小王听完忍俊不禁——原来,小方的脸上布满了星星点点的雀斑。

倘若无意刺中了别人的痛处,那就像小方那样也提及一下自己的痛处吧!有这样的勇气和气度,僵硬、尴尬的氛围一定能得到缓和。

我国古代有所谓"逆鳞"的说法。

相传,龙的咽喉下方约一尺的部位,有一片月牙形的鳞片,这是它浑身上下唯一一片逆向生长的鳞片,因此被称为"逆鳞"。无论这条龙脾气多么好,只要逆鳞被碰触,就立即会产生巨大的怒火。

其实,每个人身上也有所谓"逆鳞"的存在,哪怕是涵养极佳的人也不例外。唯有细心观察,不触及对方的"逆鳞",你的人际关系才能和谐圆融。

会表达更要会倾听

表达是人际交往的重要能力，不会表达的人在交往中会处于相对劣势的地位。但是表达不意味着一直口若悬河，很多时候，倾听更能帮助你表达。

乔·吉拉德是某汽车的金牌销售员，但他也经历过不少失败，其中一次失败令他终生难忘。

某次，一位顾客来买车，乔接待了他。乔向那位顾客推荐了一种新型车，对方也很满意。可就在即将交定金、签合同的时候，顾客却突然不买了。

当天晚上，乔翻来覆去地想了又想，可还是百思不得其解。最后，乔实在忍不住，便给对方打了一通电话："先生您好，冒昧地请问您，

他怎么就不买了呢？真是让人想不通。

心中有分寸
——别在惹怒别人的边缘疯狂试探

今天您明明就要签字了,可最后为什么突然离开了呢?"

"先生,你知道现在几点钟了吗?"

"实在抱歉,我知道现在已经是晚上11点了,可是从您走后我就一直在检讨,但还是想不出自己到底哪里做错了。"

"很好,你现在肯认真听我说话了吗?"顾客平静地说道。

"非常认真。"乔答道。

"可是,今天下午你并没有认真听我讲话。签字之前,我提到我的儿子考进了一所很棒的大学,还跟你说起了他的学习成绩和理想,但是你当时正专心听另一名推销员说笑话,根本没有听我说的话!"

顾客继续说道:"可能你觉得我说的这些事情跟你没有任何关系,也没有听的必要,但是我可不想从一个不尊重我的人那里买东西。"

> 实在抱歉,我知道现在已经很晚了,可是从您走后我就一直在检讨,但还是想不出自己到底哪里做错了。

因为没有倾听,乔损失了一位客户,从此他知道了,在与人交往中,无论处理什么事情,用心倾听都是非常重要的。

B市某电话公司曾经碰到一个脾气火暴的顾客,这位顾客认为某种电信费用收费不公，一直拒付费用，对电话公司的相关工作人员出言不逊，还威胁说要将这件事通报给媒体、向消费者协会提出申诉，并四处说一些中伤电话公司的话。

电话公司对这位顾客十分头疼，无计可施之下便派了一位非常善于倾听的调解员去见这位难缠的顾客。这位调解员见到这位顾客后什么都没说，只是安安静静地听着那位脾气暴躁的客户滔滔不绝地"申诉"，并适时地表示对他的同情，让他尽量发泄出心中的不满。这位顾客足足发了3个小时牢骚，但那位调解员仍然耐心倾听着。此后，这位调解员又去拜访了这位顾客两次，继续倾听对方的不满和抱怨。当调解员第四次上门时，那位顾客的怒火已经平复了，他还将这位调解员当成了十分要好的朋友，事情也顺利解决了。

在这次与顾客的交往中，调解员的态度起了重要的作用。他以倾听的方式，温和、友善地疏导了顾客的不满，对顾客展现了充分的尊重。他的这种温和的态度感染了顾客，终于使这位蛮不讲理的顾客变得通情达理了，自愿付清了所有应该交付的费用。矛盾也就这么顺理成章地解决了。

倾听是表达的前提，学会倾听才能了解对方，找到恰当的表达方式。那么，在倾听时，需要注意哪些问题呢？

1. 集中注意力，以一颗真诚的心去倾听

一般情况下，说话的速度是每分钟120至160个字，思维运转的速度则是每分钟400至600个字，可见思维运转的速度远远超过说话的速度。因此，在与人交谈时一定要集中注意力，态度真诚。

如果你确实无暇倾听对方的话语，或由于种种原因而不愿听人说话，那么你最好客气地告诉对方："对不起，我很想听你说，但我现在实在太忙了，还有很多事情要处理，我们改天再找时间聊一聊，好吗？"礼貌地提出自己的不便，比勉强听或者坐着开小差要好得多。

2. 有足够的耐心，不要随意打断对方的话语

有些人话比较多，有些啰唆，或者语言表达有些零散甚至混乱，这时你需要耐心地听完他的叙述。即使你认为对方的语言表达不够清晰，或是对方说了一些你不能接受的观点，你也要耐心听完后再进行反驳或说出你的意见。

在别人说话时，随意插话而打断说话人的思路和话题，或者随意发表评论，是一种十分不礼貌的行为。

3. 适时进行提问或提示，给说话者以鼓励

在倾听时，用提问或评论的方法鼓励讲话人，有助于人们的沟通。如："你能更详细地描述一下你刚才讲的事情吗？""你认为这几条建议里，哪一条最切实可行呢？""这很有趣，请您继续说。"

同样，你也可以适时使用简短的语言，如"是""对的"，或点头微笑，来表示你的赞同和鼓励。

4. 适时给予反馈，以示自己听懂了对方的话语

适时反馈，表明你已经听到并理解了对方的话语，有助于双方的沟通。你可以逐字逐句地重复说话人所说的话语，也可以用自己的语言复述对讲话人所表达的信息和情感的理解。比如："我是不是可以这样理解你的话……"

有句话说："会说的不如会听的。"只有会听，才能会说；只有会听，才能对对方有更加深入的了解，使交流更加简洁、有效。有来才有往，能听才能说，不善于倾听就是不善于交流。无论你的口才多么出众，你的话多么精彩，不注重倾听注定得不到他人的喜爱。

我能理解你，没事，一切都会有解决的办法的。

在与人交谈的过程中，认真、专注地倾听对方的话语，就是在向对方释放你的善意。感受到你的善意后，对方对你也会心怀善意，可能产生"他能理解我""他真的成了我的知己"的想法。

心中有分寸
——别在惹怒别人的边缘疯狂试探

口舌之快，并不痛快

拥有一副好口才有很多好处，它能够帮你清晰、恰当地表达出自己的想法，能够让你在与他人交往时更加游刃有余，还能让生活更加轻松、幽默，因此，人人都希望拥有一副好口才。但是有些"伶牙俐齿"的人，总喜欢用自己的好口才去挖苦、攻击别人，逞一时的口舌之快，以"战胜"对方为荣，最后弄得身边的朋友都疏远了自己，这就是弄错了使用口才的意义，"好"也成了"不好"。因此，我们应当掌握好说话的分寸。

武肃有一个已经谈婚论嫁的女朋友，婚礼的各项工作已经准备就绪，只等举行了。

这天，朋友过生日要举办party，武肃带着未婚妻也去参加了。宴会期间，未婚妻觉得自己背上有些难受，便让武肃给自己揉一揉。在人来人往的宴会上，武肃怎么也不好意思当众给对方揉背，便小声说："你稍微忍忍吧，大庭广众的，你让我怎么给你揉？"

听了这话，未婚妻的怒火一下

63

子就上来了,大声反驳道:"大庭广众怎么了,这又不是什么见不得人的事。再说了,夫妻俩的事别人管得着吗?"他们的说话声让大家的目光都集中了过来,这让武肃觉得十分狼狈,便跟主人说了一声,生气地离开了会场。

回家之后,两人大吵了一架,最后,武肃冷冷地说:"我们分手吧!"

听了这话,未婚妻不由得一愣,而后伤心地哭了起来。可是无论未婚妻如何哭闹,武肃都坚持分手,并取消即将举行的婚礼。有人问他这样做的原因,武肃反问道:"你能让一个完全不顾及你面子的人成为自己的妻子吗?"

> 为这么一件小事你非要跟我分手,面子有这么重要吗?

只因为一件小事,原本关系和谐的两个人最终走向了陌生。这件事中,武肃的想法没有错,未婚妻的想法其实也无伤大雅,错的只是她处理事情的方法。在生活中,我们总是能见到有人像武肃的未婚妻一样,不考虑所说的话是否与事实相符,也不考虑对方能否接受,便像竹筒倒豆子似的噼里啪啦地说个不停。无论对方的心情如何、身份如何,想到什么便说什么,觉得只要能够"说服"了对方,就是胜利。在辩论会上,这样的人无疑会十分受欢迎。但如果在现实生活中也一定要占到口头上

心中有分寸
——别在惹怒别人的边缘疯狂试探

的便宜，口舌相争，必然会伤害别人，也会将对方推离自己。也许，你的观点没有任何问题，你占着理，可是难听的话毕竟会刺伤人。"得理不让人，没理搅三分"这种做法无疑会败坏你的人缘，"一团和气"才能与他人更融洽地相处。

那么，怎样才能让自己做到"一团和气"呢？

1. 给对方台阶下

在某个具体问题上，如果你的观点正确，而且能用充足的论据清晰地表述出来，那么大家必然会信服你。但你一定要记住：在反驳对方时，要给对方留一个台阶，不能将对方逼入绝境。你不可能一直毫无破绽、一直处于巅峰，而一旦被你逼入绝境的人发现你的破绽，有了反击的可能，他会怎么做也就不言自明了。

2. 勇于承认自己的错误

在人际交往中，与人产生争执、发生冲突都是在所难免的。当与人产生争执时，冷静下来，想一想自己的观点是否正确，如果自己的观点有误，就要勇于承认，也要勇于接受来自对方的正确观点，胡搅蛮缠、颠倒是非地强硬争辩只会让人认为你是个蛮不讲理的人，从而远离你。

冷静，冷静，我没必要和他们争执。

3. 不能当众揭穿他人的隐私和错误

有些人总是喜欢将别人的隐私、错误当众揭露出来，以此获得满足感。但是，心理学研究证明：任何人都不希望让自己的隐私或错误暴露在别人面前，一旦被人曝光，就会觉得十分难堪，而且很可能对揭穿的人产生埋怨甚至怨恨，场面也会变得十分难堪。因此，在与人交往时，如果不是特殊需要，我们不要有这类行为，避免让对方当众出丑。在处理这类事件时，我们可以用委婉、隐晦的话来暗示对方，使对方感受到压力，进而改正。通常情况下，明白事理的人只要稍加点拨，便会为保全自己的脸面而收敛自己的行为。而面对那些纯属隐私、无伤大雅的错误，最好的应对方法便是装聋作哑，不予理睬。

在人际交往过程中，我们应当懂得尊重，不能仗恃自己的好口才而将对方逼入绝境，因为给他人留下情面也就是给自己留条后路。

趣味小测试

你是一个不喜欢去KTV唱歌的人,而你的领导则是这方面的高手。有一次,公司聚餐后,领导突然将你拉到一旁,说:"你是我手下的一员大将,能力强也有远见,之后还要你多多帮助。我们得仔细聊聊这方面的问题,一会儿去KTV仔细聊,怎么样?"面对领导诚恳的邀请,不喜欢唱KTV的你会怎样回答呢?

A.去KTV?我肯定奉陪到底。

B.去KTV?我唱歌特别难听,还是算了吧。

C.其实,我不怎么喜欢去KTV唱歌,不过能够陪您是我的荣幸。

测试结果

选A.选择A选项的人对人际关系十分看重,为人处世较为圆滑,很少会树敌。但如果事事迎合讨好,就很容易被周围的人疏远。

选B.选择B选项的人为人耿直,通常都会直言不讳地讲出自己的想法。但是性情太直也可能会坏事,容易被认为桀骜不驯、看不起别人。

选C.选择C选项的人是这三种人里最为圆滑的,既保全了上司的颜面,又清晰地表达了自己的想法,找到了两者之间的平衡,不过这种人偶尔会有些优柔寡断,要在这方面多加注意。

接话的艺术

脑中有转折
——拐个弯，抹个角，迂回战术少不了

有时说话要学会采用拐弯抹角、旁敲侧击的方式。这样可以避免尴尬的局面产生，还能保护好情面和对方的隐私问题，让对方不产生抵触的心理。

话出口前先过脑

说话不能像长竹竿进巷道，总是直来直去，而是要经过大脑的加工整理、充分思考过后再开口，这样才能让每句话都有它的价值。说话的价值不是取决于说了多少话，而是在于说对了多少话。

朋友的孩子满月了，阿美应邀去参加满月酒会。席间，气氛和乐融融，前来参加酒会的亲朋好友都对孩子称赞不已："这孩子真可爱！""你看眼睛，简直跟他爸爸一模一样，以后肯定跟他爸爸一样，是个小帅哥。"没想到，这时阿美突然说了一句话，让场面顿时陷入了尴尬："我觉得他长得跟我的一个同事可像了。"这句话让大家一下子不知道该如何应答，阿美的朋友心中也很不高兴，恨不得赶走她。

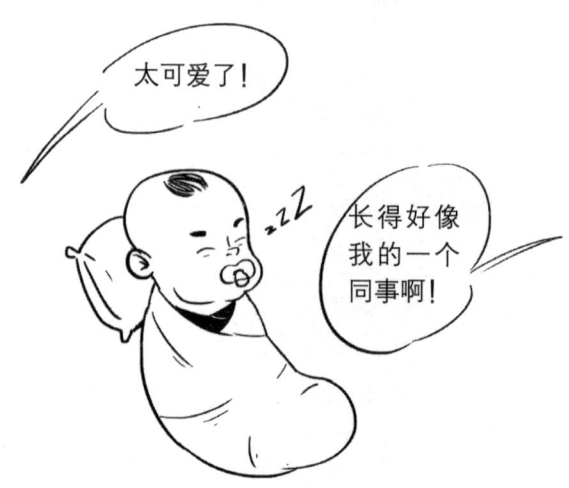

脑中有转折
—— 拐个弯，抹个角，迂回战术少不了

话出口前一定要先过脑。话如果不经过大脑就直接说出来，很可能大煞风景。阿美其实本身并没有什么恶意，只不过是看到了孩子和同事长得像，就直接说了出来。但她说话前完全没有考虑到情境与场合，在满月酒会上说别人的孩子长得像"隔壁老王"，很可能造成误会，对新爸爸、新妈妈产生不好的影响，别人当然会讨厌她。如果阿美能在说话之前先思考一下，这句话能不能说、该不该说，那么她可能就不会冲动地说出这句话了。

其实，如果你没有什么幽默细胞，反应力和随机应变的能力也不强，那么你至少要能做到三思而后"言"，这样起码不会产生大问题、大矛盾。而如果说话总是不经过大脑，难免会给人留下毛躁、鲁莽、不会说话的印象，对自己今后的道路产生负面影响。

梅梅从小就非常喜欢音乐，想成为一名歌手。长大后，她幸运地成了一家经纪公司的练习生，但公司先要对她培训、考察一段时间，才会正式决定是否大力培养她。由于太过心急，梅梅不小心练坏了嗓子，医生说她必须让嗓子休息三个月，期间不能说话，否则就难以恢复了。

我要努力练嗓子，尽快成为一名歌手。

梅梅虽然一直就是个喜欢说话的人，但是为了实现自己的梦想，她决定遵循医嘱。于是，她在自己身前身后都贴了张大大的纸条，上面写着：暂时不能说话。但由于她还要负责其他事情，每天都要与许多人打交道，总是用手势沟通实在有些不畅，所以她就准备了个小本子，在纸上写下自己要说的话。

原本，梅梅是个脾气火暴、性子很直的人，有什么事情都会直接说出来，因此常常得罪人。但自从用纸和笔与别人交流之后，周围人对她的印象就改观了。因为她想要说的话都需要写下来，在给别人看之前，自己首先就会看到自己的话，因此很容易就看出了言语中的问题。这时候，她就会重新思考措辞，再写下来，反复几次，直到满意了再让对方看。对方看了她多次修改的纸条，觉得这个小姑娘说话得体，也很有礼貌，也就慢慢转变了对她的印象。

以前的我，脾气火暴，性子直，想说什么就说什么，经常得罪人。

三个月过去了，梅梅的嗓子完全好了。公司里的人都发现梅梅有了很大的变化，她变得成熟了许多，不再轻易大呼小叫，说话也得体多了。她将自己的精力更多地放在了唱歌上面，与其他人的关系也缓和了。

脑中有转折
——拐个弯，抹个角，迂回战术少不了

之后，梅梅成了一名成功的歌手，一次记者采访她时问起她在那不说话的三个月里有什么不同的感受。梅梅告诉对方，这件事让她知道了自己之前是个说话不经过大脑的人，想到什么就说什么，全然不顾及他人的感受。但三个月的时间让她有机会将自己的话写下来，思考这些话应不应该说，应该用怎样的方式说，这才成就了现在的梅梅。

> 这些日子我知道了话应该用怎样的方式说，这才成就了现在的我。

梅梅用三个月看清了自己的问题并加以改正，为未来扫除了一个障碍，这是她的幸运。我们虽然不用"闭口不言"，但也应学会在说话前多做思考，这样才能营造一个良好的人际关系。那么我们在说话前应该思考什么呢？

1. 思考自己所说的内容是不是真实、可靠的

我们平时会从各种渠道，以各种方式得知许多信息，这些信息有真有假、有实有虚，很多时候连我们自己也无法做出准确的判断。特别是那些从别人嘴里听到的话，很可能都已经经过对方主观的加工，变得与事实相去甚远，如果你将这些话再告诉别人，更助长了那种以讹传讹的人的嚣张气焰。因此，当我们在告诉别人某件事前，应该先确定它的真实性、可靠性，然后再出口。

2. 思考这些话是否有必要说，说出这些话有没有意义

在人际交往中，我们说的一些话其实都是没有必要说出来的、没有意义的话。可能这些话并不会伤害别人，但如果总是说这些毫无意义的话也可能令人感到厌烦。比如"我怎么总是这么倒霉""最近一段时间真是太烦了""为什么这个考试我总是过不了"……如果你总是在说这类消极的话，自己和听话的人都会受到消极的影响，而且如果你总是对同一个人吐苦水，对方起初也许会同情你、安慰你，但听得多了，就有了抵抗力，不会再把你的话放在心上。因此，我们在说话前应该先问一下自己：我说这句话有什么意义吗？如果答案是肯定的，那么就将其说出来；如果答案是否定的，那么就让这句话止于心中。何必说出那些毫无意义的话来惹人生厌呢？

3. 思考这些话是否充满善意，对方听起来是否友好

与人为善是为人处世的基本原则，人们也都愿意与和善的人相处。因此，在开口之前要先思考：要出口的话是善意的吗？别人听完后是否会生气或是对自己产生误解？如果这些话听起来比较刺耳，或是内容会让对方伤心，你就要换一种委婉的表达方式了，毕竟没有人愿意与说话总是带刺的人交流。

脑中有转折
——拐个弯，抹个角，迂回战术少不了

妙语藏机，正话反说

正话反说，就是用肯定的方式表达否定的态度。但它不是用平铺直叙的方法表现出来，而是采用语气或态度上的"否定"来表现，在语意跌宕中巧妙收拢，最终回归正面话题。要做到正话反说，说话者首先须在话柄中设置"机关"，然后出其不意地抖搂出来，使听众在惊诧中恍然大悟。运用这种说话方式能够使你的表达含蓄婉转，避免了直接冲突，能够取得良好的效果。

有一次，楚庄王得到了一匹宝马，心里十分高兴，让人精心喂养它。不想事与愿违，这匹过着富足生活的马患上了"富贵病"，没过多久便死了，楚庄王因此十分伤心。为了展现对这匹马的爱护，楚庄王决定要以大夫之礼埋葬它。这个决定一公布，立即遭到臣子们的反对，有些忠

直之士甚至以死相谏，但都没有取得什么效果。正当群臣不知如何是好之际，殿门外忽然传来了号啕大哭的声音，楚庄王连忙询问，得知是侍臣优孟在号哭。于是，楚庄王立即传来了优孟，问道："爱卿，你为什么在殿外大哭？"

优孟一边擦拭眼泪，一边说道："我楚国这样一个堂堂大国，有什么事情办不到，有什么东西得不到？这匹马是大王的爱马，仅以区区大夫之礼下葬，不仅不过分，反而还有些薄待它了。请大王以国君之礼埋葬它！"

听了优孟的话，楚庄王默默思考了良久。最后，他慢慢说道："以大夫之礼埋葬它，确实很不妥当，那么现在应该怎么办呢？"

以大夫之礼埋葬一匹马，确实很不妥当，那么现在应该怎么办呢？

优孟一听，立即接口道："请大王将马交给厨师，用大鼎烹饪它，将马肉赐给群臣，将马骨头以六畜之常礼下葬。这样，世人就不会笑话您了。"

楚庄王顺着优孟的话语下了台阶，群臣美美地饱餐了一顿，事情也就此结束了。

脑中有转折

——拐个弯，抹个角，迂回战术少不了

优孟跟随楚庄王多年，深知楚庄王的脾气秉性，他知道此时的楚庄王是无法听进那些忠言直谏的。因此，他改变策略，采取了"正话反说"的方式，先顺着楚庄王的想法说下去，在称赞、礼颂楚庄王的"贵马"精神的背后，自然地烘托出此番劝谏的真正意图——讽刺楚庄王的昏聩行为，从而迫使楚庄王重新审视自己的行为，改变自己最初的决定。

正话反说这种说话技巧十分高明。说话者的目的是要否定对方的观点，表面上却先说出顺从对方想法、肯定对方行为的话语，使否定的真意巧妙地暗含在肯定形式之中，虽然出人意料，却使听话者能在善意的嘲讽中听懂说话者的本意，更顺畅地接受对方的劝谏。总之，正话反说之所以能取得良好的效果就在于它的"放大镜"作用，荒谬之上再加荒谬，反而会使荒谬无处可藏。

后唐庄宗酷爱打猎。这天，他率领大队人马来到某县围猎，踩坏了不少民田。当地县官得知此事后连忙赶来劝谏。庄宗因为县官的劝谏而火冒三丈，想要杀了他，县官吓得掉头就跑。这时，伶人敬新磨赶紧带着同伴将那县官抓了回来，然后责备道："你身为县官，难道不清楚当今天子酷爱打猎吗？为什么要纵容百姓种植庄稼来向天子缴纳税赋呢？

你难道不会让百姓们都忍饥挨饿，空出这里的田地，来让陛下驰骋打猎吗？你真是其罪当诛！"

说完，敬新磨便请求庄宗立即处死那位县官。庄宗听完，不由哈哈大笑，而后便释放了县官，还命令人马不得再踩踏农田。

> 你身为县官，纵容百姓种植庄稼来向天子缴纳税赋，你应该让百姓们都忍饥挨饿，空出这里的田地来让陛下驰骋打猎。

敬新磨的正话反说充满了幽默和机智。在庄宗怒火正盛时，敬新磨没有反驳他，而是顺着他的意思，要求县官让老百姓忍饥挨饿，空出土地以满足天子打猎的爱好，反而起到了劝谏的作用，使庄宗认识到错误，放弃了原来的主张。

正话反说并不是单纯地将话反过来说，而是暗藏着开启智慧之门的"机关"，比直言相对更具感染力。巧妙地运用这些"机关"，就会使话语与众不同，达到奇妙的效果。

脑中有转折
——拐个弯，抹个角，迂回战术少不了

打破僵局，"破冰"有道

在人际交往过程中，由于种种原因，人们难免会遇到冲突或尴尬的场面，这时如果没有人站出来化解这样的局面，就必然会使双方的沟通无法正常进行，甚至可能会影响双方的关系。

如果能绕过矛盾点，巧妙地化解僵局，不仅能使沟通再次顺畅，更能赢得对方的好感。有鉴于此，把握对方心理，揣情审势，而后以灵活的反应力和恰到好处的口才来打破僵局的能力的确十分重要。那么究竟有哪些化解僵局的方法呢？

1. 巧言妙语，缓和局面

遇到尴尬、难堪的事情时，不妨试着让严肃的话题幽默化，对引起尴尬的事件巧妙地进行解说，以轻松的姿态来面对。

这个月，公司的业绩有了明显的提升，于是公司的几位高管组织聚餐庆贺，另有一位新入职的员工作陪。

菜上齐后，这位员工想要表示尊重，就为众位高管斟酒。可谁知由于过于紧张，他一不留神将酒洒在了一位主管的头上，而且恰好是当时在场的最高领导——总经理。这下子，场面尴尬极了，大家都不知道如何是好，这位员工更是惴惴不安，十分愧疚。在这种尴尬的时刻，只见总经理淡定地将头上的酒擦干，而后笑着对职员说："这种方法可治不了我的谢顶啊。"

> 这种方法可治不了我的谢顶啊。

尴尬的局面就这样在众人的哈哈一笑中过去了，那位职员对此十分感激，于是在之后的工作中十分卖力，使公司的业绩再次提升。

在生活中，人们往往难以接受那些过于严肃、敏感的问题，而且不知道应该如何应对，致使场面十分尴尬。在这种情况下，如果能够通过幽默的解说激活僵硬的场面，那么又何乐而不为呢？

2. 求同存异，避免争执

当各方因为需求得不到满足而争吵不已时，调节者应当避免做出孰优孰劣的比较，而应只强调各方的差异性，并对各方的价值都予以肯定，再拿出令各方都有所退让但也都能接受的意见，就能够打破僵局了。

一次，某高校举办文娱表演，节目由男生组和女生组自行编排及表演，最后由观众进行打分。表演结束后，观众们顿时陷入了混乱，支持两组的人数几近相同，双方七嘴八舌地争吵了起来，打分环节陷入了僵局。这时，主持人灵机一动，想到了一个好主意，于是对观众说："我看，对于哪个组能获得胜利应该针对情况进行具体分析。男生组的表演创意十足，紧跟潮流，获得创作奖想必大家都没有异议；女生组表演细腻，

脑中有转折
——拐个弯，抹个角，迂回战术少不了

精神饱满，获得表演奖也是实至名归。"于是，男生组和女生组都成了赢家。

主持人很清楚，文娱表演并不是以分出高下为目的，激发学生踊跃参与的激情才是最重要的。因此，在打分环节陷入僵局时，主持人并没有像大家一样争论双方的优劣，而是强调了他们不同的特点与优势，并对双方的努力都进行了肯定，这样大家就很容易接受这个解决方案了。

当人们就某个问题不肯让步时，其原因很有可能已经不是问题本身，而是争强好胜的心理在作祟。实际上，人们的观点、看法很有可能随着角度、环境的变化而改变，调解纠纷时，只要能够抓住这一点，帮助双方仔细分析，让他们认识到各方观点的兼容性与相对性，便可轻松打破僵局。

3. 善找借口，巧妙脱困

有时，改变问题的角度或寻找恰当的借口，来证明对方不当的举动在当前的情境下是正当的、合情合理的，是摆脱僵局最行之有效的方法。

在某次的同学聚会上，大家许久未见，聊得非常高兴，场面十分火热。谈笑之间，一位男士对一位女士开玩笑道："记得上大学的时候，你可

上大学的时候，你可是一直很喜欢我的，怎么样，现在还喜欢我吗？

是一直很喜欢我的，怎么样，现在还喜欢我吗？"其实，以当时轻松的氛围来说，男士说出这些话虽然不太妥当，但也无伤大雅。可没想到，当时这位女士刚与男朋友分手，正是心情不好的时候，听到这话心中的怒气顿时涌了上来，竟然脸色一变，怒气冲冲地喊道："你有毛病啊！"她的声音很大，在场的人都听得一清二楚，场面瞬间尴尬起来，不复刚才的热闹。就在这样尴尬的时候，这位女士大学时的室友站了起来，笑着对大家说："这么多年过去了，我们小妹还是一样的暴脾气，她喜欢谁就说谁有毛病，小妹，我没说错吧？"室友的话让大家都回忆起了当年的美好时光，于是大家都聊起了当年的事情，互相开起了玩笑，一场风波也就这样消失于无形了。

陷入僵局往往是人们做出了不合时宜、不合情理或有失身份的行为造成的，而旁观者又不方便直白地点明这种行为的问题，于是场面只能一直僵持下去。这时，如果能够改变问题的角度或找到恰当的借口，以证明对方的行为在当下是合情合理、无可厚非的，那么便可以化解个人的尴尬和场面的僵持。

4. 故意曲解，摆脱僵局

在人际交往过程中，难免会遇到一些不方便回答或者是不想回答的问题。但如果此时沉默不语、置之不理或是直接使用"无可奉告"之类的外交辞令，很可能导致场面陷入尴尬的境地。因此，在这种情况下，不妨装作不理解事件或问题的真实含义，并故意曲解事件或问题，将其向着有利的方向引导。

20世纪80年代末期，王蒙出任文化部部长。在一次记者招待会上，一位外国记者提出了这样一个问题："50年代的王蒙和80年代的王蒙

脑中有转折
——拐个弯，抹个角，迂回战术少不了

有什么相同之处？不同之处又有哪些？"这个问题明显是别有用心的，因为50年代时，王蒙在北京郊区劳动了几年，但80年代时却成了文化部部长。以这种身份谈论个人际遇、政治命运，很容易被记者断章取义、大做文章。王蒙当然也清楚这位外国记者的巨测居心，于是他不慌不忙地回答说："50年代时我叫王蒙，80年代时我还叫王蒙，这就是相同之处。不同的是，50年代时我才20多岁，而80年代时我已经50多岁了。"

> 50年代时我叫王蒙，80年代时我还叫王蒙，这就是相同之处。不同的是，50年代时我才20多岁，而80年代时我已经50多岁了。

王蒙清楚地知道对方的用意，但这个问题实在太过敏感，他便巧妙地曲解问题的本意，以绝对不会出错的姓名、年龄来作答，看起来十分正确，也很"切题"，但其实并没有给出任何与问题相关的有用信息。

在人际交往中，人们可能会有意或无意地做出使人尴尬的举动、提出他人不便回答或是不想回答的问题，出现这种情况时，我们可以"移花接木"，曲解对方的原意，给出更有利于局势的回答。

打破僵局，在社交中是一种非常必要的谈话技能。如果能够将这项技能应用自如，那么在面对冷场或僵局时才能轻松掌握场面，从容不迫。沟通中难免会遇到问题，我们应当学会灵活应变，做到"破冰"有道。

自嘲，尴尬的缓和剂

> 生活中，我们每个人都可能遇到尴尬的事情、难堪的处境，如果不能巧妙地化解，就会令自己陷入窘境。化解尴尬、难堪的方式有很多，自嘲便是其中之一。适当的自嘲，不仅能缓和气氛、挽回面子，还能够令他人对自己产生新的认识。

很少有人能恰当地运用自嘲。缺乏自信的人不敢自嘲，因为自嘲需要用自己的错误和不足来开玩笑，使不足之处被夸张、放大，这是不自信的人无法承受的。思维僵化的人不会自嘲，因为自嘲需要将自己的缺点进行巧妙地引申和发挥才能博得他人一笑，思维僵化的人是无法做到这一点的。因此，如果没有自信、乐观、豁达、超脱的心态和胸怀，以及敏捷的思维，是无法进行自嘲的。于是，人们就产生了这样一个观念：幽默是聪明人才能驾驭的语言艺术，自嘲则是幽默的最高境界，能够巧妙自嘲的人必定是高手中的佼佼者。

在许多场合自嘲都是十分难得的灵丹妙药，当你陷入窘境却不知如何脱离时，不妨试试自嘲的方式，因为拿自己"开涮"通常都是比较安全的。

某位教授刚刚年过四十头发就几乎掉光了，只剩下一片"不毛之地"，学生们也因此偷偷给他起了个外号——秃顶老师。某次，在这位教授的课前，有一名学生看到教授从走廊另一头走向教室，便大声向其他同学

脑中有转折
——拐个弯，抹个角，迂回战术少不了

喊道："秃顶老师来了！秃顶老师来了！"这位老师也听到了这句话，这让他有些尴尬。于是，他干脆在课堂上向同学解释了自己脱发的原因是某种疾病导致，最后还幽默地对同学们说："哎呀，头发掉光了虽然有些难看，但也不是一无是处的嘛！至少每次我上课的时候，教室里比平时明亮了不少。"这话一出口，教室里就传来了阵阵笑声。而且从那以后就没有人再称他为"秃顶老师"了。

> 头发掉光了虽然有些难看，但每次我上课的时候，教室里比平时明亮了不少。

由此可见，恰当的自嘲不仅能活跃气氛、增强个人魅力、消除紧张，还能缓解尴尬，保全面子。

其实，很多时候都是因自身的缺点、言行的失误或外貌的缺陷等才使自己陷入难堪的境地的。在这样的情况下，信心十足的人大多能维护好自己的尊严，而带有自卑心理的人却总是不知如何应对，只能"任人摆布"。殊不知，如果能对自己的不足之处进行一番大胆、巧妙的自嘲，就能展现出你的自信，使你在摆脱窘境的同时展示出独特的交际魅力。

古希腊著名哲学家苏格拉底的妻子是个脾气非常暴躁的人，她经常对苏格拉底大发脾气,而苏格拉底却毫不介意她的坏脾气,总会在别人面前自嘲道:"有这样一个妻子也不是只有坏处,至少她能锻炼我的忍耐力,提高我的修养。"

某天,妻子的暴脾气又发作了,而且比之前更严重,一直吵闹个不休。无奈之下,苏格拉底只好离开家,想要到外面躲避一下。可谁知道,他刚出家门,一大盆冷水便从天而降,躲闪不及的苏格拉底顿时被浇得像只落汤鸡,原来冷水是怒气未消的妻子从楼上倒下来的。如果是普通人可能早就气得口不择言了,但苏格拉底并没有发怒,而是泰然自若地说:"我早就猜到了,惊雷过后必有大雨,果然是这样。"听了他的话,妻子的怒火瞬间熄灭了,看着浑身湿透还瑟瑟发抖的苏格拉底,妻子心中充满了愧疚之情,认识到了自己的错误。

> 我早就猜到了,惊雷过后必有大雨,果然是这样。

在与脾气火暴的妻子相处时,苏格拉底确实有些无可奈何,但他懂得运用自嘲这一技巧使自己脱离窘境,展现了他的生活智慧。

懂得自嘲,就相当于拥有了摆脱窘境、制造轻松氛围的能力,它能帮你消除尴尬,展现你宽广的胸怀。因此,当你面临窘境,不知如何是

脑中有转折
——拐个弯，抹个角，迂回战术少不了

好之时，不妨试着自嘲，也许你会收到意想不到的效果。

当然，自嘲并不意味着你要自轻自贱，想要掌握并运用好自嘲，需要注意以下几个方面：

1. 有足够的自我认知

自我认知指的是自我认定、自我判断和自我评价，它是进行自嘲的基本前提。如果自我认知不足，或是自我认知与他人对你的认知存在矛盾，那么你的自嘲不可能起到良好的效果。

2. 想象和夸张的运用

自嘲时，最好在其中加入夸张和想象，让内容半真半假，这样才会更具有幽默感。如果你的自嘲太过写实，很容易让人误会你就是你所说的那种人，这就对自己造成了伤害，影响了自嘲的效果。

3. 面带微笑，以轻松的姿态自嘲

通常情况下，别人拿你开玩笑是因为他认为你是个大度的人，开得起玩笑，这其实也是信任你的表现。因此，你应该顺着对方的意思，适当地自嘲一下，这样才能使气氛轻松、和谐。如果你表情严肃，对方很

可能会认为你真的生气了，气氛也会因此马上跌入冰点。

4. 审时度势，寻找恰当的时机

自嘲虽然能使沟通环境变得轻松愉悦，但它也有明显的局限性，在很多情况下都不能使用。如，在会议、座谈会等相对正式的场合，以及调查访问等需要严谨的表述的情况下，就不宜使用自嘲，坦诚直率地表达自己的想法才是最合适的应对之法。

5. 保持一颗平常心

自嘲时必然会反复提及自己的缺点与错误，因此能够保持一颗平常心就显得尤为重要。只有心怀坦荡、乐观豁达，才能放松身心、勇于自嘲。

6. 适可而止

即使将语言组织得再好，自嘲也改变不了它自我嘲讽的本质。嘲讽具有一定的刺激性，无论是针对自己还是针对他人这种刺激性都不会消失，因此，在运用自嘲时就要十分谨慎，让人意会即可。如果过分自嘲且喋喋不休，很可能让人误以为你是在含沙射影、指桑骂槐，使交谈陷入尴尬的境地。

自嘲是一种心理防卫的方式，是一种自我排解和自我安慰，是一种生活艺术，同时也是面对人生挫折和逆境的一种积极、乐观的态度。在生活中，当我们遇到一些不易处理的场面，陷入窘境之时，不妨进行适当的自嘲，相信会有不一样的体验。

脑中有转折

——拐个弯，抹个角，迂回战术少不了

移花接木，妙语激将

激烈、直白的语言可能会对他人产生强烈的刺激，使双方关系的恶化，但如果能够以恰当的方式将其包裹起来，也能够对沟通产生正面的影响。激将法便是其中一种效果很好的方法。

《三国演义》中，诸葛亮就曾使用激将法说服周瑜共同抵抗曹操。

当时，诸葛亮奉刘备之命来到东吴劝其共抗曹操，鲁肃带他前去会见了周瑜。周瑜知道诸葛亮的来意，却故意假称想要投降。鲁肃不知其中有诈，便与周瑜争执了起来。

听过他们的争论，诸葛亮明白了周瑜真正的想法，便也装作主张投

降的样子,并说:"我有一计,既不用牵羊担酒、纳土献印,也不用亲自渡江,只要派遣一个使者送两个人过江,曹操见到这两个人后,自然能体会到你的投降之意,将百万兵马退去。"

听到这里,周瑜连忙问道:"是哪两个人能使曹操退兵?"

诸葛亮说:"我在隆中时就曾听闻曹操在漳河修建了一座铜雀台,想要网罗天下美女置于其中。曹操原本就是贪慕美色之人,他早就听闻江东乔公的两个女儿——大乔和小乔都有沉鱼落雁之容,闭月羞花之貌,还曾发誓说:'我平生有两个愿望,一是一统天下,成就霸业;二是得到江东二乔,将其置于铜雀台中,以乐晚年。'如今,曹操虽然率领百万大军虎视江南,但其实只不过是为了得到这两名女子罢了。将军何不去找乔公,重金买下这两名女子,派人送给曹操呢?曹操得到这两名女子后,必定称心如意,从而率军而退。"

听了诸葛亮的这番话,周瑜眉头微微一皱问:"你所说的这些可有真凭实据?"

诸葛亮告诉周瑜:"曹操的小儿子曹植才华横溢,妙笔生花。曹操

脑中有转折
——拐个弯，抹个角，迂回战术少不了

曾经命他为铜雀台作赋，赋中有这样几句，'立双台于左右兮，有玉龙与金凤。揽二乔于东南兮，乐朝夕与之共'。这其中的意思还不明显吗？"

听到这里，周瑜不禁勃然大怒，气急败坏地骂道："曹操老贼简直欺人太甚！"诸葛亮见状，赶紧起身抚慰道："昔日匈奴频频扰边，汉天子以公主和亲，如今为了让曹操退兵，只不过是送去两名女子，您又何必动怒呢？"

周瑜依然怒气冲冲地说："先生有所不知，那大乔是孙伯符将军的妻子，而小乔正是我周瑜的妻子呀！"

诸葛亮故意装作惊讶、惶恐的样子说道："我实在是不知情，竟然这样信口胡言，真是该死！该死！"周瑜说："我与曹贼势不两立！望先生助我。"

> 我与曹贼势不两立！望先生助我。

到这里，诸葛亮的"移花接木，妙语激将"已经充分发挥了它的作用。其实，曹植赋中所说的"二乔"指的是从铜雀台出发连接金虎台和玉龙台的两座桥，诸葛亮巧妙改变了赋中的原意，谎称曹操意图染指"二乔"，

91

激怒了周瑜，从而达到了自己的目的。

激将法是一种高妙的语言技巧。恰当地运用激将法可以让对方的感情产生剧烈的波动，变得更加冲动，从而去做一些正常状态下可能不会做的事情。激将法会激起对方的愤怒感、羞耻感、自尊感、嫉妒感、羡慕感等各种复杂的情感，于是，处于激动状态下的人不会进行充分的思考就答应某事，也就给对方造成了这样一种假象：这些事不是别人让他做的，而是他自己想要做的。于是他就会更加尽心尽力地完成目标。

小童跳槽到了一家新公司后，表现得非常勤奋，在工作上取得了不小的成绩，于是没过多长时间就被提升为部门主管。看着那些已经在这家公司工作了七八年却还在原地踏步的老员工，他产生了骄傲自满的情绪："我来公司才不到一年就已经升为部门主管，每天和公司的高层打交道了，我真是太厉害了，其他人哪里比得上我！"因此，她对待工作完全松懈了下来，三天打鱼两天晒网，业绩也开始快速下滑。

脑中有转折
——拐个弯，抹个角，迂回战术少不了

老板看不下去了，便找她谈话说："看来，我高估你的能力了，你还不能胜任部门主管这个职位，不然业绩怎么会掉得这么厉害？我看还是让小赵试试吧。"这几句话一下子就刺激到了小童的自尊心，她觉得领导看轻了自己，于是立即反驳道："我认为，我有足够的能力胜任这个职位，我肯定能改变现在的状态，提高业绩。我可以跟您保证，如果两个月之内我没有将业绩提升百分之四十，我就自动请辞！"

事后，小童也反应过来自己可能是中了老板的激将法，但军令状已经立下了，怎么可能反悔呢？于是，她全心全力扑在了工作上，真的达成了自己的目标。

> 我高估你的能力了。

> 我可以跟您保证，如果两个月之内我没有将业绩提升百分之四十，我就自动请辞。

激将法之所以能起到良好的效果，是因为它利用了人们的自尊心来做文章，一旦突破了对方的心理防线，目的就很容易达成了。每个人都想要获得他人的尊重，这是十分普遍的心理现象。而人的自尊心一旦遭受打击，势必会产生消极、愤怒、亢奋等情绪，使理智减弱，思维易于受人控制，因此，此时是诱导别人按照自己的想法做事的最好时机。

那么，怎样才能灵活掌握这种方法呢？

1. 了解对方的性格特点

激将法的使用要因人而异。通常情况下，有较强的自尊心、性格外向、感情充沛、自制力较低的人，情绪比较容易产生强烈的波动，对这样的人使用激将法，大多都不会失败；而那些心思细腻、逻辑严谨、思维理智、性格内向的人，通常都较为敏感，他很可能误以为这些话是对他的讽刺和嘲笑，内心会有抵触情绪产生，加深对你的防范，因此，对这种类型的人就不宜使用激将法。由此可见，了解对方的性格特点十分重要。

2. 不要显示出自己的意图

运用激将法时，避免将自己的想法表露出来是十分重要的。如果你不小心泄露了自己的意图，容易让对方认为你是在利用他。

3. 掌握好分寸

如果语言力度较弱，无法激起对方的逆反心理，激将法自然也就失效了，但如果语言力度过强，又很可能给对方造成极大的心理压力，使事情不能达到预期的效果。另外，如果你的激将法没有在其进行激烈的思想斗争时，适时放上"压倒骆驼的最后一根稻草"，那么这次的激将法也很有可能功败垂成。因此，分寸的把握十分重要。

激将法是一种高级的表达策略，通常都是十分有效的。只要我们能够因人、因事、因特定的环境来调整激将法的使用方式，就能得到我们所期望的效果。

脑中有转折

——拐个弯，抹个角，迂回战术少不了

冲动是魔鬼，情绪不稳慎开口

生活中，我们经常为了一些鸡毛蒜皮的小事而产生矛盾，如：同学不小心弄脏了你的书本，你生气地对他发了火；早高峰时，乘客们因为不小心的碰撞而吵了起来……这些其实都是不必要的冲突，只是由于一时情绪失控，过于冲动，才让激烈的话语出了口。

小何是一个上班族，由于上下班路上花费的时间太多，就攒钱买了辆车，改为开车上班。买了车让出行变得方便了许多，这本是一件好事，可他后来发现，开车时，原本脾气就有些急躁的自己更容易冲动了。

小何公司与家之间的距离比较远，正常开车本来也要一个小时左右，要是堵车耗费的时间就更长了，每到某个路口就会堵车，一堵起来少则十几分钟，多则半个多小时才能通行。这天早上，眼看就要到上班时间了，可长长的堵车队伍还没有移动的迹象，他忍无可忍地不停地按着喇叭。前面的车主也很着急，听到他催促更烦躁了，便探出头来冲着小何的车骂道："有没有素质？你以为我们不急吗？"其实这位车主说的是对的，可正在气头上的小何哪儿听得了这种话，他的火气瞬间就爆发了出来，嚷道："只有你长耳朵了吗？"这下，双方都急了，对着骂了起来，后来还引发了肢体冲突，最终被警察带回派出所进行批评教育并罚了款。

小何原本是因为堵车导致自己要迟到了，才一时冲动，与对方发生了口角，进而演变为肢体冲突。可是冲动的结果却让他耽误了更长的时间，无法正常上班，完全违背了当初的意愿。

人们常将"冲动是魔鬼"这句话挂在嘴边，似乎所有人对冲动开口带来的负面影响都心知肚明，但在真正直面事情的时候，许多人都无法

脑中有转折
——拐个弯，抹个角，迂回战术少不了

将情绪维持在自己能掌控的范围内，头脑一热就会说出那些不计后果的话，虽然这些人事后常常会后悔或是进行补救，但其作用是很有限的。

某公司的主管脾气非常暴躁，而且非常古板，对人又很严格，如果他看到其他人工作不负责，没有达到他的期望，或是态度不严肃，他就忍不住会马上直截了当地批评对方。

某次，主管因为和其他负责人发生分歧，产生了一些冲突，正在气头上。这时，他突然看到某个员工在工作的时候不认真，正以一种吊儿郎当的姿态处理着自己的工作，他怒火顿起，立刻批评道："小刘，你这是怎么工作呢！这么散漫怎么可能把工作做好！还能不能好好工作，不行就收拾东西走人！"这话让小刘很没面子，一时冲动真的辞职离开了。

> 你这是怎么工作呢！还能不能好好工作，不行就收拾东西走人！

事后，主管心情平静了下来，他回想起这件事情也知道自己冲动了。而后，又听部下解释说，小刘其实工作能力很不错，只是性格有些跳脱、不受拘束，所以才会姿态不严肃。可是事情已经发生了，这名员工也已经离开了公司，无法挽回了。

英国哲学家培根曾说："冲动犹如地雷，与任何东西相遇都将玉石俱焚。"性格冲动、脾气暴躁的人大多比较容易被激怒。这些人通常内心敏感、有很强的自尊心，一旦被其他人或事挑战了承受能力，他们就会瞬间被点燃怒火，说出令自己都非常懊悔的话。

在怒火正盛之时，如果我们放纵自己，顺着自己的情绪说话，我们便无法理性思考事情的来龙去脉，无法做出理性的判断，"怒"不择言。而对方也很可能会受到我们的影响，变得愤怒，并予以相应的回击，使矛盾变得更加尖锐。

无论是愤怒还是烦躁，都只是我们情绪的冰山一角，它不是孤立存在的，而是与恐惧、怨恨、不安等其他负面情绪有着密切的联系。而这些负面情绪正是造成我们情绪不稳、口不择言的根源，我们最好在无法保持理性之前消除这些负面情绪，从而减少情绪不稳、冲动开口的可能性。

我们应当学会将矛盾冷处理，给自己多留一些思考的时间与空间，尽量保持理智；放缓节奏，强迫自己理性处理问题。所以，如果你总是处于愤怒的情绪之中，不妨试着用以下几种方法缓和你的情绪：

1. 转移注意力

当人们遇到问题时，如果一直反复想着这件事，那么就会将自己逼进死胡同。而如果能够将自己的注意力转移到其他方面，做一些自己喜欢的事情，如看一个视频、逛逛商场等，那么就能有效地平复自己的情绪，即使之后再想起，也不会有那么强烈的反应了。

2. 回避矛盾点

如果刚刚与人发生过冲突，双方都还处于愤怒的边缘，一言不慎就可能再次引起争吵，那么你可以暂时回避对方、回避使双方产生矛盾的缘由，这样就能慢慢平复心情，理性思考，进而才可能想出合理解决矛盾的方法。

3. 加强意念控制

在冲动的话出口前，如果你能反复告诉自己"不要冲动，不要冲动！发生了什么天大的事，一定要生气呢？"就能给自己留下思考的空间，起到缓和情绪、平复心情的效果。

4. 及时、积极地沟通

在你与和你发生冲突的人平静下来的时候，不妨主动、积极地与对方聊聊天，进行深入的沟通与交流，也许你会发现对方没有你想象的那般恶劣，事情也远没有那么严重。把心里的话都说开了，你们甚至还有可能成为朋友。

5. 陶冶情操

在日常生活中，你可以尝试培养能够陶冶情操的兴趣爱好，如练习书法、下下棋、养些花草等，这些兴趣爱好能够让你的心态慢慢变得平和、宁静，也就不容易产生烦躁或怒气等负面情绪了。

冲动是引你走入深渊的魔鬼，它往往会让你陷入一个又一个泥潭而无法脱身。当冲动来袭时，我们不妨多去深呼吸，放慢脚步，给情绪留下喘息的时间，让话语有一个缓和的余地。

给批评套上华丽的外衣

在人际交往过程中，我们难免会遇到与对方意见相左或是发现对方问题的时候，如果我们直白地提出批评，想必双方都会陷入尴尬的局面。因此，我们在提出批评时要注意方式方法，给批评套上华丽的外衣。这就是需要你在不改变自己原有想法的前提下，改变表达方式，让对方更容易接受。

周瑞被某公司邀请去做报告，时间定在了某个星期日。这是周瑞第一次独立演讲，他非常重视，提前做好了各种规划，想要使这次演讲能够更加完美，写出一篇出色的演讲稿也是准备工作之一。为了这篇演讲稿，他费尽了心思，经过了多次修改、润色，终于完成了。为了更准确地把握听众的感受，周瑞按照这篇演讲稿的内容给他的妻子演讲了一遍，希望能从妻

脑中有转折
——拐个弯，抹个角，迂回战术少不了

子这里得到良好的反馈。但事实上，这篇演讲稿写得并不出色，与普通的演讲稿没有什么区别。

周瑞的妻子听完丈夫的演讲后，是这样说的："亲爱的，如果你将这篇演讲稿发表在评论性的报纸上，一定会广受欢迎。"这句话虽然是在赞美丈夫的作品，但也隐晦地传达出了一个信息——这篇演讲稿并不适用于这个场合。周瑞听懂了妻子的暗示，果断决定放弃这篇他费尽了心血才完成的演讲稿，重新打磨，终于写出了一篇令人耳目一新的作品。

> 亲爱的，如果你将这篇演讲稿发表在评论性的报纸上，一定会广受欢迎。

所有人都不喜欢被人批评，当面的、直白的批评会让人们产生逆反、抵触的心理，适得其反。因此，在很多时候，巧妙的说话方式比尖刻的言语更能让批评达到良好的效果，这就如同在苦涩的药片外面包裹上一层糖衣之后，人们吃药时就能减轻痛苦，就能减少人们对药的抵触。同样的，如果我们在批评外面也包裹上一层"糖衣"，那么就能使"良药"不再苦口，人们也乐于接受。

"胡萝卜加大棒"的方式也不失为一种良好的批评方法，将批评隐藏于赞扬后，点到即止，降低尖锐感，让对方随着你的话语慢慢察觉到自己的错误。

约翰·卡尔文·柯立芝是美国的第 30 任总统，素来寡言少语，但总能将话说得让人容易接受。柯立芝有一位女秘书，常常因为粗心而犯错。一天早上，柯立芝看到走进办公室的秘书，便笑着对她说："你今天的这身衣服真是太美了，跟你这位迷人的小姐正相配。"寡言少语的柯立芝说出这番赞赏的话语实在太突然了，这让女秘书兴奋得满脸通红，不知如何是好。之后，柯立芝接着说道："很开心能让你感到高兴，但我讲的是实话。不过也不要骄傲，我相信只要你以后稍加注意，你打出的文件就一定会与你的衣服同样漂亮。"听过柯立芝的话之后，女秘书工作时果然仔细了许多。

柯立芝在批评前先进行了赞美，让批评自然而然地融入对话之中，不带有丝毫攻击性。但如果他当面直白地批评甚至贬损秘书，那么这样肯定会使秘书感到羞恼，甚至闹起情绪，影响了工作，也就得不到理想的批评效果。

> 你打出的文件就一定会与你的衣服同样漂亮。

说话技巧高超的人，即使在指责别人时也能让对方感到如沐春风。那么，如何在批评的表面套上华丽的外衣呢？

1. 含蓄委婉，保全对方的颜面

金无足赤，人无完人。人们难免会犯错误，在指出对方的错误时，我们要注意把握好批评的分寸：既要点明对方的问题，又要给对方留下足够的颜面。如果失了分寸，要么会让对方感到难堪，破坏了双方的关系，甚至导致一系列不可预估的严重后果；要么引起对方的逆反心理，使得对方不以为然。

2. 不忘对对方进行肯定

俗话说："打个巴掌，给个甜枣。"用在批评上我们可以将其理解为在批评过后要做好善后工作，减少负面影响，简单来说就是批评后要进行安抚。

> 下次再这么做事你就走人，把这件事儿做好了，我提你为主管。

在批评他人时，人们的情绪很容易失去控制，致使批评有些超过了限度，严重伤害了对方的感情。此时，我们就要做好善后安抚工作，对对方进行肯定，这样对方会得到相对的心理平衡，缓和之前涌起的反感情绪。当对方心情得到缓解后，自然也就能返回去思考你之前批评的话语了。

虽然无论怎样包装，批评的实质也不会改变，但如果能为批评套上华丽的外衣，让良药不再苦口，总是会容易接受得多。找对方法，就能够让批评者与被批评者不再水火不容。

趣味小测试

请以"是"与"否"来回答下列问题。

1. 我不习惯与其他人交谈。
2. 我不擅长与和我观念不一致的人交流情感。
3. 我经常会避免表达心中的想法。
4. 尽管有时我认为自己更有道理,但仍然难以说服别人。
5. 与不怎么熟悉的人通电话,我会觉得紧张。
6. 我不擅长赞美别人,很难自然亲切地表达出自己的想法。
7. 我觉得向别人打听事情很困难。
8. 与陌生人交谈对我来说有些困难。
9. 我在与老师或上司交谈时,感到十分紧张。
10. 在与一位有魅力的异性交谈时我会感到紧张。
11. 我很难准确选择出恰当的词汇来表达自己的情感。
12. 我不喜欢对着许多人讲话。
13. 在面对众人进行演说时,我的思维会变得有些混乱。
14. 其他人不太容易理解我想表达的意思。
15. 我对别人的情感不能很好地识别。

16. 我的文字表达能力远远强于口头表达能力。

17. 我难以轻松自如地说出我的情感。

18. 我不能对一位内向的朋友轻松地说起自己的情况。

19. 我难以轻松地用手势、眼神、表情等表现感情。

20. 我对连续不断的谈话感到很有压力。

测试结果

每题答"是"累计1分。

总得分大于14分表示语言表达能力比较弱；总得分为9~14（含）分表示语言表达能力一般；总得分为5~8（含）分表示语言表达能力比较好；总得分小于5分表示语言表达能力出众。

接话的艺术

言中有底气
——说服的正确打开方式

　　说话一定要自己先充满自信,把要表达的事情表达清楚。让对方知道你的真实想法。肯定的表述可以直截了当地传达你的意思。

让说服不再是难题

"动之以情,晓之以理,衡之以利"是说服别人的基本方法和原则。

所谓晓之以理,其实就是要给对方讲道理,以理服人。一个决定、一个事件很可能会涉及多方面的因素,牵一发而动全身,如果不能使对方认同你的决定,那么很可能横生枝节。因此,将道理、事实清清楚楚地展示给对方,让对方对问题有了理性而清晰的认识,从而能够听取你的建议,按照你的建议做出恰当的安排,才能确保事情顺利进行。需要特别注意的是:劝说时要抓住对方的要害,劝说的语言有理有据,不留下任何漏洞,才能让对方心服口服地听从你的意见。

言中有底气
——说服的正确打开方式

美国著名作家拿破仑·希尔曾应邀到俄亥俄州立监狱去给服刑人员做一场演讲。他刚一站上台，就发现他已认识了十多年的老朋友 D 先生正站在听众之列。原来，D 先生因为伪造文书被判了 20 年徒刑。于是，拿破仑·希尔决定要在 60 天之内，让他离开监狱。而之前至少已有 20 位具有影响力的人士想要达成这一目标，可都无功而返。

拿破仑·希尔没有多说什么，他回到纽约市后，让妻子帮忙收拾好行李，又回到了哥伦布市（俄亥俄州立监狱所在地），准备在这里停留一段时间。

回到哥伦布市的第二天，拿破仑·希尔去拜会了俄亥俄州州长，向他说明了此行的目的。

拿破仑·希尔对州长说："州长先生，我这次前来是想请求您释放 D 先生的。我准备一直留在这里，直到他获释出狱。您也知道，在服刑期间，D 先生推出了一套函授课程，俄亥俄州立监狱的 2518 名囚犯中有 1728 人都参加了这个课程。为了让这些囚犯跟上功课，D 先生还想尽办法找到了足够的教科书以及课程资料，没有让州政府花费一分钱。另外，他一直都谨言慎行，完全按照监狱的规定行事。当然了，一个能够让1700多名囚犯奋发上进的人，绝不可能是个坏人。因此，我来此请求您释放D先生，并希望您能让他担任一所监狱学校的校长，只要能给他这个机会，他就可以让美国其他监狱的16万名囚犯得到学习的机会，促使他们改邪归正。而我会为他的出狱做担保，如果他再次犯罪我将承担全部责任。不过，在您回答我之前，我想让您知道，我并不是不清楚，如果您释放了他，对于您决定参与下任州长竞选活动，可能会使您损失很多选票。"

俄亥俄州州长维克·杜纳海先生紧紧握了握拳头，眼神中透露出坚定的目光，说道："如果这就是你的请求，那么我决定释放他，即使这会使我失去5000张选票也在所不惜……"

如果这就是你的请求，那么我决定释放他，即使这会使我失去5000张选票也在所不惜……

这项说服工作就这样轻而易举地完成了，而整个过程只用了不到5分钟的时间。那么，其他请求保释D先生的人为什么会铩羽而归呢？主要是因为他们没有充足、合理的理由。他们请求州长释放D先生时，所用的理由是，D先生的父母是赫赫有名的大人物，或者是说他是大学毕

言中有底气
——说服的正确打开方式

业生，是个人才，而且也不是十恶不赦的恶棍。这些理由都不能给俄亥俄州州长提供充分的动力，使他觉得自己能去签署赦免状。

拿破仑·希尔之所以能够成功地说服州长，和他的周密考虑和精心安排是分不开的。他先研究了所有事实，并将自己想象成州长，弄清什么样的说辞才是最能打动州长的。他绝口不提 D 先生有声名显赫的父母，也不反复强调自己和他的友谊，更不提他是值得别人帮助的人。而是以 D 先生本人的价值——他获释之后，会有 16 万囚犯因他所创办的函授学校而受益，才打动了州长。

通情才能达理，因此晓之以理还要与动之以情相结合。有时，对方不愿意听人讲道理并不是不接受道理本身，而是抵触讲道理的人。因此，遇到这种情况时，我们应当学会与人联络感情，注意反省自己有没有招致对方反感或不满的地方，并及时进行克服和改进。尤其当对方有较强烈的抵触、反感情绪时，我们首先应当以诚相待，在理解、尊重、关心对方的基础上再仔细为其讲明道理，帮对方分析事实。各类宗教布道传教时所宣传的虽然是看不到、摸不着的事物，但由于其情感真挚，因此往往能在催人泪下的同时，潜移默化地影响听众们的思想，使人在不知不觉中认同其教义，这就是情感的力量。对于感性思维远远大于理性思维的人，对于平时很少进行深入思考的人，以事比事，将心比心，以其自身或身边亲友的经验教训为基础，佐以带有浓厚感情色彩的语言，去绘声绘色地诉说，很容易使人产生亲切可信之感，引起情感上的共鸣，从而为接受道理搬开了障碍，铺平了道路。

所谓"衡之以利"就是衡量利弊得失，摆明利害关系。那些较为现实的人，道理与情感对其影响十分有限，唯有"衡之以利"是切实有效的方式。在不会对国家、社会造成危害的基础上，从个人切切实实的利害得失方面劝导对方，对方自然会趋利避害从而接受你的劝说。那些通情达理、重情重义的人，并不过分看重个人的利害得失，但你仍应设身处地地考量到对方的既得利益、实际困难。身处于社会之中，想要求得自身的生存与发展，必然会产生各种正常需求，如果完全不顾对方的合理需求，双方就无法达成一致，说服也就无从谈起了。因此，设身处地地为对方的需求考虑，才称得上真正的通情达理，说服也就能对症下药，

取得良好的效果。

"心理防线"是说服别人的最大障碍，因此，设法动摇对方的心理防线，是说服对方的关键所在。"动之以情，晓之以理，衡之以利"都是为了动摇对方的心理防线而采取的措施。除此之外，还有几点需要注意。

1. 劝说，要在尊重对方的基础上进行

所有人都有一定的自尊心，都希望被其他人尊重，即使是学生、孩子也不例外。当一个人受到他人的尊敬时，会产生轻松愉快的心情，在这种情况下劝说对方，通常都会取得良好的效果。

2. 强调相似之处，使其产生共鸣

仔细观察，找出与对方的共同点，并不动声色地强调，便可拉近双方的距离，获得对方的信任。很多著名演说家在进行演说时，常常用"我们"来替代"我"，如"我们所想的""我们这种表现"等，这就使听众下意识地认为，这是我们大家的行为与想法，从而产生了共鸣。将自己融入听众当中，让听众不知不觉地接纳他从而被说服，这就是演说家的高明之处。当我们想要成功劝说某人时，不妨也试一试演说家的这种说服技巧，从文化背景、年龄、社会经历、工作专业、思想感情、兴趣爱好等方面入手，挖掘自己与对方的相似之处，进而劝说对方。

"动之以情，晓之以理，衡之以利"是常用的说服方法，只要你能恰当地运用这些方法，说服就不再是难题。

站在对方的立场打动对方

站到对方的立场上设身处地地为他人着想，能够拉近双方的距离，让你的说服更加有效。

著名人际关系专家卡耐基经常租用纽约某家饭店的舞厅来举办讲座。有一次，卡耐基又要租用这个舞厅时，突然接到通知，说他必须多付三倍的租金才能继续租用这个舞厅。当卡耐基接到这个通知的时候，他早已印好了入场券，并且发送给了受邀者，而且也已经将通告公布了出去。

在这种情况下，很多人虽然不想付这笔增加的租金，但也只能默认

言中有底气
——说服的正确打开方式

了下来，卡耐基却去找饭店的经理讨论了此事。

"收到这封信，我有些吃惊，"卡耐基说，"但是这件事不是你的问题。如果我处在你的位置，我可能也会做出同样的决定。你是饭店的经理，尽可能地提高收入是你的责任。如果不这样做，你将会失去现在的职位。不过，也请听听我的想法。现在，我们拿出一张纸来，把你因此而可能获得的利与弊都列出来。"

说着，卡耐基取出了一张纸，在纸的中间画了一条线，一边最上端写着"利"，另一边最上端写着"弊"。然后，他在"利"这边的下面写下这些字——"舞厅空出来"。卡耐基接着说："将舞厅给我当教室的收益肯定远远比不上租给别人开舞会或开大会的收益，承接这两类的活动是最划算的。我占用你的舞厅的时间越多，你的收入就越少。因此，将舞厅空出来租给开舞会或开大会的人对你而言是有利的。

"但是，空出舞厅也不是全都是有利的方面，我们现在来说说不利的方面。如果你坚持增加租金，那么我会因为无法支付你所要求的租金而只好被迫到其他地方去开这些课，而你也无法获得足够的收益，因为

你无法在短时间内将我所要预约的时间段全部租出去，也就会导致某段时间舞厅的闲置，完全没有收益。这样算下来，也许还不如将它租给我获得的收益多。

"另外，如果我不继续租赁，你还会有一个损失。我的课程主要面对的对象是受过高等教育、有较高修养的人，他们到你的饭店听我讲课对你而言也是一个很好的宣传，对吗？事实上，即使你花费5000美元刊登广告，也无法吸引这么多高素质的人来到你的饭店。这对一家饭店而言，不是有很大价值吗？"

卡耐基一边说，一边在"弊"字下面写下了这两项坏处，然后将纸递给饭店的经理，说："希望你仔细考量一下其中的利与弊，然后再告诉我你最终做出了怎样的决定。"

第二天，卡耐基收到一封信，依旧是这个饭店发来的，信中称他的租金只涨50%，而不是最开始的300%。

站在对方的立场，从对方的角度为他分析事情的利与弊、得与失，对方便会放松警惕，不自觉地按照你的想法走下去，从而完成你想要做

言中有底气
——说服的正确打开方式

的事情。卡耐基这次劝说的成功，在于当他说"如果我处在你的位置，我可能也会做出同样的决定"时，他已经完全站到了经理的立场上；接着，他以这种角度为经理算了一笔账，抓住经理的心理，使他心甘情愿地将天平的砝码放置在有利于卡耐基的这边。

日本一位非常著名的推销大师原一平曾经向一位退役军人推销保险。这位退役军人十分固执，如果你的理由不能让他信服，那么不管说什么也是枉费心机。所以，原一平在向他推销保险时采取的方式是开门见山地说："保险是必需品，所有人都需要它。"

"年轻人确实需要保险，但是我可不一样，我已经老了，而且也没有子女，所以保险对我来说没有任何用处。"这位军人反驳道。

"您的观念有些偏差，就是因为您没有子女，我才由衷地希望您要买一份保险。"

"这是为什么？"

"没有什么特别的理由。"

保险是必需品，所有人都需要它。我由衷地希望您要买一份保险。

原一平的回答超出了军人的预料，这让他觉得十分惊讶，于是故意逗原一平说："如果你能说出一个让我信服的理由，我就在你这里买一份保险。"

于是，原一平故意低声对他说："我曾经听人这样说过：'身为人妻，没有儿孙绕膝是最寂寞的事情。'可是，一对夫妻没有孩子，只责怪妻子不能生育是非常不公平的。既然成了夫妻，这件事就应当由两个人共同承担。所以，身为丈夫应当妥善地对待妻子才对。"

既然成了夫妻，这件事就应当由两个人共同承担。

原一平停顿了一下，继续说："如果膝下有儿女的话，那么即使有一天丈夫不幸离世，儿女还能给伤心的母亲一些安慰，并承担起照顾、赡养的责任。而一个没有儿女的妇人，在丈夫去世后就只能不安、忧愁地度过后面的日子了吧。您刚才说您没有儿女所以投保对您没有意义，可您是否想过，假如有一天您真的出了什么意外，请问尊夫人怎么办？您赞成年轻人投保，可其实年轻的寡妇还有机会再找一份合适的姻缘，但您的情形就不同了。"

听了这番话，这位军人默不作声地思考了一会儿，然后点点头道："你说得很有道理，好，我投保！"

面对这位军人，也许其他推销员早就放弃了劝说，而原一平却站在对方的立场上为他着想，耐心地为他分析投保的原因以及好处。显然，这个军人十分看重家庭，以他的家人为入手点来考虑，是一条能够让他信服的理由。因此军人被原一平描述的情景打动了，最终购买了保险。

那么，我们怎样才能让自己站在对方的立场上劝说对方呢？

1. 了解对方的想法

想要说服对方按照你的意见行事，首先要了解对方的想法。许多人为了说服对方，会滔滔不绝地述说，使得对方想要反驳却难以插进话来。这样怎么可能顺利地说服对方呢？其实，我们应尽量让自己由说话者变为听话者，了解对方心中真正的想法、意见，这样才能确保自己的立场也是对方的立场。

2. 先肯定对方的想法，说出对方想听的话

当你提出一个新的建议后，如果对方持反对意见，并仍然保持自己原来的想法，而且他的看法也确实有可取之处，那么在这种情况下，最好的办法，就是先肯定对方的想法，站在对方的立场想问题，提取对方话语中你能够接受的部分。为什么要这样做呢？因为当自己的想法被别人反驳、否定时，他很有可能为了自尊心或经受不起批判而更倔强地固执己见，抵触你提出的新建议。而当说服别人时产生了这样的情况，那么也就不太可能成功了。

人的一生，就如同置身于一个广阔的舞台，在这个广阔的舞台上，每个人都会充当许多不同的角色，也会与许多不同角色产生交集。学会站在另外一个角色的位置上去考虑问题，这样人与人之间的相处才会更加和谐，双方的问题也能得到更好的解决。

同理心的力量正无穷

同理心是一个外来词语，也可以翻译为"共情""共感"等，是指在人际交往的过程中，能够站在他人的立场与角度体察对方的想法、理解对方的感受。简单来说，就是换位思考、将心比心，只有切实站到了他人的立场上看问题，才能真正理解别人的想法，从而自己的说法与做法才能触动对方的心理。

当我们要说服别人或向别人解释的时候，同理心是非常重要的因素。原因很简单，因为我们在劝说别人或做出解释时，最看重的就是对方能否接受。如果我们滔滔不绝地说了一大段话，但对方完全不能接受，那么，之前所做的一切都是无用功。而想让对方从心底里认同、接受我们的观点，我们就应当要用同理心去感受对方的想法，弄清对方的心结所在，了解对方想要怎样的回答，这样才能妙"语"回春。

元元是一家4S店的汽车销售员，张姐是她最近接待的客户。张姐想买一辆性能好一些、油耗低

言中有底气
——说服的正确打开方式

的车,为此她前前后后花了快一个月的时间,看了不少车,终于确定了下来,交了定金,准备过几天来正式签合同、提车。

可是,张姐离开店没多久就又返了回来,她有些迟疑地问元元:"元元啊,我觉得我好像还没考虑清楚,刚才的决定有点儿冲动了,我……我能不能先不定了,把定金拿回来啊?"

元元看着张姐的样子,看出她其实不是不想要这辆车,只不过是因为突然要花一大笔钱,所以心里很不舒服。于是,她对张姐笑了笑,让她坐下来缓和了一下情绪,然后说:"张姐,我其实特别能理解您的心情。您不是我的第一位客户了,之前我也遇到过好几个跟您一样的客户。客户虽然交了定金,但心里反而更不安定了,您是不是也是这样?"张姐没想到元元完全说中了自己的心思,连连点头说:"你说得太对了,现在啊,我这心里七上八下的,慌极了。"

你说得太对了,现在啊,我这心里七上八下的,慌极了。

元元笑着说:"您有这种感觉简直太正常了。您想呀,现在物价那么贵,平时消费就高,想攒钱哪有那么容易。而且除了车子之外,还要有房子,那钱花得更是没边儿。为了这些,两口子年轻的时候就开始省吃俭用,一块钱恨不得掰成两半儿花,辛辛苦苦攒了好久的钱,到我这

121

一交定金，就得出一次血。虽然这件惦记好久的事终于要有结果了，心中一块大石头终于能搬走了。可石头搬走了，心里的担忧和慌乱却一点儿没见少。担心的是买完之后发现车子有些地方不合自己心意，慌的是一下投入了一大笔积蓄，以后还贷款也是一个负担。这些想法憋在心里，弄得人心慌意乱的，恨不得拿回定金，再让自己平静一下。您现在就是这样吧？"

这话戳中了张姐的心理，她不自觉地抬起了头，看着元元说道："你这话把我的想法都说透了，我现在心里挺慌的，也不知道这辆车买得对不对。"

元元又开解道："张姐，您也知道，人面对新鲜事物时总是有些慌乱的。您好不容易找到了合适的车子，再也不用挤公交、挤地铁了，对于全家人来说都更便利了，虽然一开始会感到不适应，但好处也是实实在在的啊。"张姐听完也如释重负地松了一口气。

看到张姐的反应，元元接着说道："当然，您放心，我们也是正规公司，不会做那些强买强卖的事情。如果您确实想拿回定金，我们肯定不会逼您。那您看，您需要退回定金吗？"

张姐本来就已经放下心了，再一听这话终于安定了，于是拒绝道：

言中有底气
——说服的正确打开方式

"不用了，元元。你刚才说得太对了，我其实只是有些慌，不用退定金了，我过两天一定过来。"

眼看一个订单就要化为泡影了，这对元元来说实在不是一个好消息。但她没有就此放弃，而是充分运用了同理心，想人之所想，慢慢为顾客剖析了她的心理，将顾客心中的想法清清楚楚地阐述了出来，理性又贴心。她所说的就是顾客所想的，那么顾客又怎么会不信任她呢？因此，如果能带着同理心去沟通、交往，那么话语也就更能打动人心。

张鑫三天前在商场里买了一双皮鞋。拿到新鞋后，他马上就兴冲冲地穿上了。可谁知刚穿了不到两天，皮鞋的底就断了。张鑫生气极了，下了班就直奔商场的售后中心，要去讨个说法。售后中心的负责人听完了张鑫的抱怨，接过鞋子仔细看了一下，然后生气地说："要是我买了这样的鞋，我肯定也会像你一样生气，不对，应该会比你还气，恨不得把这家店都给拆了。"听了这番话，张鑫的怒火逐渐消了下去，本来他打算一定要退货的，这时也没有坚持，听了对方的劝导，换了一双就离开了。

售后中心的负责人运用同理心，让自己站在对方的立场上，成功化解了对方的怒火，避免了一场争执，也达到了说服对方换货而不退货的目的。以同理心观察、感知对方的心理，明白对方的心结在哪里，弄清对方最想听到的话语，这样才能达到说服的目的。

那么，怎样才能掌握同理心呢？

1. 学会理解他人

想要掌握好同理心，我们首先应当学会站在对方的角度来思考、体会对方的感受，这样才能得到他人的理解。哪怕你的观点再正确，也不能直接将自己的想法强加给对方，因为没有人会愿意与那些无法理解自己的人进行深入交流。如果你表现出理解对方感受的样子，相信对方就会感到温暖，便会卸下心防与你交流。只有不设防地沟通、交流，对方才会尝试去理解、接受你的想法与观点，这样，交流才能愉悦，说服也才能更加有力。

2. 学会体贴他人

关心、体贴他人也能体现你的同理心。在平时的生活中多多关心、体贴他人，展现你的同理心来体谅对方，这样便能与对方友好相处，取得对方的信任。当你需要说服对方时，也就更容易成功。

人与人之间的交往非常复杂，每个人的脾气、秉性都不相同，少不了意见不合的时候，这时我们就要运用同理心，多站在对方的立场上思考、感受，将心比心，试着理解、接受对方，这样才能使心与心靠得更近，也让自己更容易说服、取信对方。

对方"得意",你才能"得意"

> 称赞对方的得意之处,实际上就是对对方价值的肯定。没有人不喜欢得到他人的认同,所以,与人交谈时,恰当地提及对方为之自豪的话题,使对方"得意",你才能"得意"。

一位将军最自豪的,往往是他的赫赫战功;一位学者最自豪的,往往是他曾经发表的文章和著作。如果称赞将军写得一手好文章,称赞学者身强体壮,难免有失偏颇,不能取信于人。因此,在与人交谈时,聪明人都会选择从对方得意的地方谈起,因为只有对方"得意",你才能"得意"。

每个人身上都会有其引以为傲的地方。无论其他人的想法如何,在自己看来,那都是一件值得深深印在记忆中的事情。如果能提前了解到对方引以为傲的事情，并在交谈中有意无意地提及此事，那么，对方通常都会十分高兴，你的说服也会更容易成功。

某个偏远地区的小学没有资金修葺校舍，校长已经按规定请示了许多次，但始终没有得到任何结果。迫于无奈，他只好向本市水泥厂的经理请求帮助。这位经理对教育行业十分重视，还成立了"奖教基金会"，因此向他求援是获得资金的好方式。但是，由于近两年国家十分重视环境问题，对那些严重污染环境的企业实行达标验收政策，水泥厂也在这一行列之中。污染治理占用了该厂的大部分资金，因此厂子里的流动资金比以前少了很多。想到这点，校长深感希望渺茫，但看到孩子们在残破的教室里努力学习的样子，校长决定努力试一试。于是，他就去拜访了这位经理。

校长一进门就说道："经理，久仰久仰。前几天在省城开会时，我又听到了教育界同仁们对您的称赞，您的高风亮节实在令人钦佩！今日恰好经过您这里，便特来拜访。"

经理回道："哪里哪里！都是各位的抬爱，真是不敢当！"

校长又说："经理您真是高瞻远瞩，几年前便成立了'奖教基金会'。

言中有底气
——说服的正确打开方式

现在，您始创的'奖教基金会'已经由点到面，对全国许多地区的教育事业起到了很大帮助，您的思想影响了很多人，您的名声也已经在全国的教育体系中传播开了！"

校长紧紧围绕着经理的自得之处对他表示了赞扬，让他听得心花怒放。

说着说着，校长却叹起气来："唉，您的本职工作虽与教育事业无关，却在这个领域做了这么多贡献，可我身为校长，明知校舍岌岌可危，时刻威胁着师生们的生命安全，却没有任何办法改变现状。如果教育界的领导都能跟您一样，真心实意、全力以赴地支持教育事业，拨款两万元，我们学校就能够进行维修了，我也能卸下我心中的重担，可是我已经申报了十几次，仍没有收到任何回复。"

听到这里，经理立即慷慨地说："既然是这样，您就不必再打报告请求上级拨款了，我捐献给你们两万元。"

> 经理您真是高瞻远瞩，您的本职工作虽与教育事业无关，却在这个领域做了这么多贡献……

这位校长可以算得上非常精明了，他仔细了解了对方，获知了经理最得意的事情，然后对此事给予了充分的肯定和恰当的赞扬，接着又叹息了自己的"无能"和遗憾，博取了对方的同情，深深地打动了对方，

最终成功赢得了经理的资助,实现了自己的目标。

从对方得意的地方谈起,不是现代人创造的方法,其实古人早已将其运用得炉火纯青。

刘邦打败项羽后,建立了大汉帝国,他因此十分自得,经常向大臣们炫耀此事,许多大臣也都了解刘邦这种洋洋自得的心理,因此每当他提及此事时,他们就连连称赞他的功绩。于是,刘邦骄傲自满的情绪越来越多,而治国的热情却慢慢冷却下来。

一次,刘邦患了病,因此整日躲在宫中,不见任何人,也不理朝政。可能是感受到了不问世事的轻松,刘邦病情好转后依然没有恢复朝政的打算。为此,大臣们屡次进谏,希望刘邦能够赶紧出来主持大局,可都被刘邦赶走了。

后来,大将樊哙实在看不下去了,便闯进了宫中强行劝谏道:"想当年,陛下率领众人起兵沛县夺取天下之时,是何等的英雄气概!那时,我们万众一心、同甘共苦,这才逼得项羽在乌江自刎,建立了如今的大汉江山。"

> 是我逼得项羽在乌江自刎,建立了如今的大汉江山。

刘邦原本因樊哙强行闯入宫中而大为恼怒,可听到樊哙提起了自己打败项羽之事,他的愤怒就荡然无存了。这时,樊哙的话锋猛然一变,

言中有底气
——说服的正确打开方式

说道:"现在天下虽然大局已定,但战火造成的损失不计其数,各行各业百废待兴,如今陛下竟然这般颓废,毫无斗志,这令大臣们都惶恐不已啊!陛下不理朝政,不肯接见大臣却独与太监亲近,难道您已经忘记赵高祸国的教训了吗?"

樊哙这番诚挚恳切的话语说得刘邦惭愧不已。之后,他幡然醒悟,专心朝政,与民休养生息,使汉朝呈现了勃勃生机。

因刘邦不见朝臣,樊哙不得不闯入宫中直言相劝。但他先从刘邦骄傲自得的地方说起,让对方熄灭了怒火,给自己赢得了说话的机会,使刘邦能够认真听取自己的意见。然后又将话锋一转,谈起了刘邦不思进取的现状,使刘邦的前后两种状态形成了鲜明的对比,让他清醒地认识到了自己当前的问题所在,从而达到了此行的目的。

那么,想要从对方得意的地方谈起应该怎样做呢?

1. 对对方的得意之处有一定了解

想从对方的得意之处谈起,就必须先对此有一定的了解,如果不能准确把握就贸然谈起,不仅不能赢得对方的喜爱,反而有可能触怒对方。

在交谈过程中,人们很可能在不经意间就透露出自己的得意之事。此时,如果你是个有心人,就一定能在对方的言语中发现一些蛛丝马迹,如"我在国外的时候……""想当初……""我刚上大学的那一年……"等。人们在诉说自己曾经的光辉事迹时,正是你了解对方得意之处的最好时机。如果能把握机会,进行恰当的赞美,很可能赢得对方的好感。

2. 语言要得体贴切

称赞也要切合实际,过于夸张的赞美,有趋炎附势、阿谀奉承之嫌,听者很可能会产生反感。所以,在运用这种方法时,要因对方的职位、地位及时机而异,注意用词,不要让话语变了味道。

怎么说比说什么更重要

> 我们常会在生活中碰到这样的情况：与人争论某个问题时，明知对方的观点有误，自己的观点才正确，但就是无法说服对方，甚至可能还会被对方说得目瞪口呆，不知如何反驳。这是为什么呢？其实问题就出在说服方法上。

心理学家认为，要使人认同自己的观点，仅仅是观点正确还不够，掌握说服别人的艺术也是重要因素，很多时候，怎么说比说什么更重要。增强说服力的方法多种多样，其中最基本的有五种。

1. 以退为进，巧妙说服

吃软不吃硬是大多数人都存在的心态，特别是那些性格倔强、脾气火爆、很有主见的人更是如此。如果你态度强硬，比如以命令的口吻要求对方，对方不但会不听取你的意见，甚至有可能故意与你唱反调；如果你态度温和，以退为进，友好地劝说对方，对方反而可能产生同情心，即使自己为难，也会答应你的要求。

齐景公是春秋时期齐国的国君。他贪图享乐，喜欢玩鸟，还特意命烛邹来看管这些鸟。一天，不知道哪里出了问题，烛邹看管的鸟全都飞走了。齐景公得知此事后勃然大怒，想要杀了烛邹来泄愤。这时，大臣晏婴闻讯赶到，他看到齐景公正在气头上，知道此时他什么话也听不进去，便没有试图直言相劝，而是请求齐景公允许他将烛邹的罪状公之于众，好让他死个明白，也让众人心服口服。齐景公同意了。于是，晏婴对烛邹怒目而视，大声呵斥道："烛邹，你奉命为君王管鸟，却将鸟弄丢了，这是你第一桩罪；你让君王为了区区几只鸟而杀人，这是你第二桩罪；你使诸侯听说此事误认为大王重鸟轻人，这是第三桩罪。以此三罪，你是万死而难辞其咎。"说罢，晏婴请求景公杀掉烛邹。

> 烛邹，你奉命为君王管鸟，却将鸟弄丢了。

听完这番话，景公的怒气早已平息了下去，听懂了晏婴的言外之意，反而深感愧疚，挥手说："不必了！不必了！我已明白你的意思了！"

很明显，晏婴对景公重鸟轻人是持反对态度的，但他看到景公怒火正盛，直言相劝反而难以成功，就采用了以退为进、以迂为直的方法来隐晦地表达自己的意见，使齐景公自行领悟了其中的是非曲直，既救下了烛邹的性命，也避免直接触犯齐景公，将自己推入旋涡之中。

2. 以情感化解防备

在说服的推拉战中，说服者与被说服者必然都会产生一定的防范心理，因此，想要说服对方，就必须使对方的防范心理消弭于无形。那么怎样才能使对方放下防备呢？效果最显著的办法就是反复暗示对方"我们不是敌人，我们是朋友"。多次进行这样的暗示会让对方不自觉地对我们产生好感，放下警戒心和敌意，有利于之后的说服。

3. 知己知彼，投其所好

想要劝说对方应当了解对方的想法，然后说出对方希望听到的话语，逐渐将其引到自己的思路当中。

某工厂因经营不善时刻面临倒闭的危险，工人看到自己失业，而且连欠发的工资也无法兑现，感到十分焦急，纷纷聚集在领导办公室门口抗议，要求领导赶紧找出具体的解决措施。

领导安慰道："工厂的情况想必大家都已经知道了，也不用我再多说。现在这样，即使要拍卖工厂，恐怕也不会有人买。而且就算是能卖掉，又能换几个钱呢？这些钱还得先偿还银行的贷款，大家最终也得不到一分钱。

"怎么办？把负责人都绑起来？把厂里之前生产的产品都拿回家？砸烂或者烧掉机器还有厂房，让公安局抓去坐牢？还是冷静下来，团结一致，争取妥善处理呢？"

在领导这一连串的问话后，工人们的情绪都冷静了下来，这时，领

导又说道:"如果大家相信我,就听听我的办法。现在,你们选出几个你们信任的人,和各位负责人一起组成专案委员会。委员会会将工厂按照一定比例分给大家,大家都是股东,都是老板。接下来几个月,我们每个人都少拿点儿薪水,努力工作,看看能不能将厂子挽救回来。赚了,大家都有份。赔了,再关门也来得及。你们想想看,现在砸了工厂,除了能出一口气之外还能得到什么?什么也没有,不如自己当老板,破釜沉舟,努力一次看看。"

工人们冷静下来,想了想,觉得厂长说得确实在理,于是听从了领导的劝说,重新燃起工作热情,热火朝天地工作起来。经过一段时间的经营,工厂竟然真的起死回生,扭亏为盈,不仅还清了银行贷款和工人们的工资,还给工人分了不少红利。

领导的话语中透露出了工人们最想听到的内容:厂子还有救,工资虽少,但未来可期。因此,工人们被领导说服了,最终取得了圆满的结果。

4. 争取同情,以弱胜强

人们都有同情弱者的心理,因此在面对远强于己的说服对象时,我们不妨先"示敌以弱",争取对方的同情,然后再寻找合适的时机劝说对方,这样通常都会取得良好的效果。可能有些人认为这样的做法不够光明正大,而且也很丢脸,但是在不违背法律、道德的原则下,在不伤害、违背自己的人格、真实想法的前提下,以一些"小手段"获得别人的帮助也是一种处世之道,这不是难以启齿的事情。

5. 寻求一致,以长补短

有些人思想极其顽固,对他人的说服根本不屑于驻足,时常处于一种说"不"的心理状态之中,这样的人是很难被人说服的。我们在劝说这类人的时候,可以试着先寻找一些双方的共同点,然后从这些共同点入手,引出话题,寻找合适的时机提出自己的意见,让对方接受自己的观点。

一个小伙子热烈地爱上了一个女孩子,但是他有一个非常大的缺点——驼背,这个女孩子也因此对小伙子的追求十分冷淡。小伙子十分沮丧,但是他并没有放弃,还是下定决心要想办法追求到自己爱慕的人。

你相信"姻缘天注定"吗?

言中有底气
——说服的正确打开方式

这天，小伙子又见到了他心爱的女孩子，便将思考了很久的话问出了口："你相信'姻缘天注定'吗？"

"相信。但是我相信我们没有被上天注定。"姑娘明显是在拒绝他。

"是吗？"小伙子笑了笑，又说道，"我听说，在所有的男孩出生之前，上帝都会提前将他未来的妻子是哪个女孩透露给他。我出生的时候，新娘的人选也已经决定了。上帝还告诉我，我的新娘是个驼背的人。我立即向上帝恳求说：'上帝啊，一个驼背的妇女一定过得十分凄凉，求你将美貌留给我的新娘，驼背则由我去承担。'"

听了这番话，女孩子改变了对这个小伙子的印象，觉得他虽然驼背，但是非常聪明。后来经过小伙子的不懈追求，他们真的一起步入了婚姻的殿堂，成了一对十分恩爱的夫妻。

小伙子清楚自己的弱势，便先设法让对方换位思考，使双方处于同等状态，化解对方对驼背的轻视，并透露出自己的优势——幽默、聪明、善良，最终成功说服了心上人。

想要说服别人并不是一件轻而易举的事，我们需要掌握一定的技巧来增强我们的说服力，使别人心服口服，达到自己的目标。

说服他人要精于诱导

《格言联壁》中讲到:"与人谈理,须令人家胸中点头。"
而想要"使人心中点头",诱导便是一种行之有效的方法。

诱导,即劝诱引导,它立足于"导",关键则在于"诱"。如果在说服的过程中,一味地强调自己的优势,总想要让自己占据主导地位,会使对方认为你很强势,引起不安感,反而增加了防范之心。但是如果你能先向对方说出你的缺点和不足,使对方暂时产生优越感,然后再逐步道出你的目的,想必对方会更容易接受。登山的路途,蜿蜒曲折,即使多绕了些路,却比攀登悬崖峭壁更能平安、顺利到达山顶。如果说多费一些口舌来诱导对方就能够更顺利地说服他人的话,那么又何乐而不为呢?

言中有底气
——说服的正确打开方式

但是，想要在谈话中"诱"得巧妙，"导"得自然，并不是一件容易的事，我们应当做到以下三点：

1. 有目的地诱导

要说服他人，首先要有明确的目的，并且诱导内容都要紧扣这一目的，不能离题。

古时候，一位父亲知道自己的儿子染上了赌瘾，便给儿子写了一首戒赌诗，希望能劝他改邪归正。诗中这样写道："贝者是人不是人，只因今贝起祸根。有朝一日分贝了，到头成为贝戎人。"看完这首诗后，儿子一头雾水，便去请教父亲。父亲告诉他："'贝者'是'赌'字，'今贝'是'贪'字，'分贝'是'贫'字，'贝戎'是'贼'字。如果不能及时悔改，那么每个赌徒都会依次走上赌、贪、贫、贼之路。"儿子听后陷入了深深的思考，最终凭借坚韧的毅力戒掉了赌瘾。

> 这写的是什么意思啊？

这位父亲劝说时所使用的方法很巧妙：其一，以诗来劝儿子戒赌这种方法很新奇，吸引了儿子的兴趣，让他心甘情愿地去思考；其二，当儿子疑惑不解时，父亲一语道破其中的含义，道出"赌博必定贫穷，强盗出于赌博"的道理，使儿子豁然开朗，让他对此产生更加深刻的印象、体会和感悟。无论是作诗还是解答，父亲始终围绕着让儿子戒赌的目的来诱导他，最终也取得了良好的效果。

2. 有步骤地诱导

在实施诱导之前，要将每步诱导时，对方可能有怎样的反应、自己对于不同的讲法要怎样应对等都考虑周到，这样才能使诱导不变成"哑炮"，不会唱独角戏。另外，有"总"也要有"分"，如果只有总体设计，而没有分步计划，那么在实施的过程中很有可能会弄得一团糟。而如果将每一步怎样说话、怎样诱导、怎样发问等，都反复思考、计划好，做到环环紧扣，层层深入，最后突现矛盾，诱使对方在无法调和的矛盾面前放弃之前固有的想法。

刘小姐是某饭店的一名服务员。有一次，她偶然间捡到了顾客不慎遗落在店内的手机，便想据为己有，可没想到却被领班的张大姐发现了。张大姐让刘小姐上交，可她却是这样说的："手机是我捡的，没偷也没抢，不上交又不犯法。"

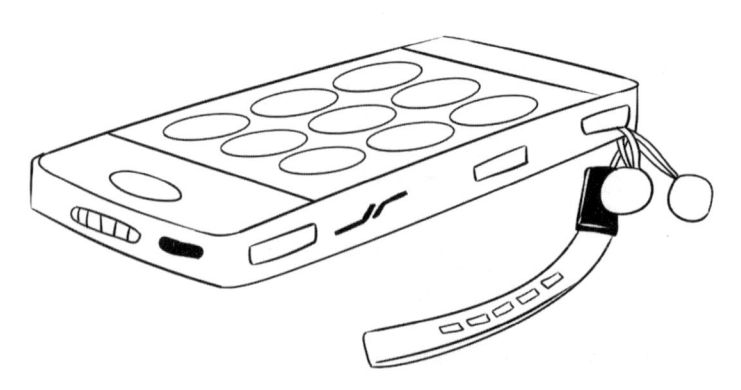

张大姐没有跟她针锋相对，反而话题一转，心平气和地说："小刘，你知道'不劳而获'是什么意思吗？"

言中有底气
——说服的正确打开方式

"不知道！"刘小姐嘟着嘴答道。

张大姐说："你看，'不劳而获'的意思是没有经过劳动却占有了劳动果实。说得更准确一些就是占据了他人的劳动果实！"

"你什么时候学会咬文嚼字了？"刘小姐有点儿不耐烦了。

张大姐没有生气，又耐心地问："你觉得抢别人的东西算是'不劳而获'吗？"

"算是吧。"

"你觉得偷东西算是'不劳而获'吗？"

"是。"

"那么，捡到别人的东西不还给失主，反而据为己有是'不劳而获'吗？"

"这，这……当然……"刘小姐一时语塞，不知道说什么好了。

张大姐趁势教育道："捡到别人的东西不还给失主，反而据为己有，也是'不劳而获'，在这一点上，它和偷、抢没什么区别。法律是最低的道德要求，但是只达到最低标准就够了吗？再说，咱们店里也有相应的规章制度，上面明确提到了捡到客人遗失的物品要归还，你可千万不能因为一时糊涂办了错事啊！"

听完张大姐语重心长的教导，刘小姐终于认识到了自己的错误，交还了手机。

张大姐故意避开了刘小姐的强词夺理，转而和她论证一个看似与此事没有很大关系的"不劳而获"的意义，再诱导她从大到小，由面到点，步步推进，层层深入，最后切入实质性的问题：将捡到的东西据为己有，与偷、抢一样，也是"不劳而获"，这是一种令人羞耻的行为。毋庸置疑，刘小姐被她成功说服了。

说服是说服者与被说服者之间进行攻防战的过程，也是被说服者逐渐转变心理的过程。只要能够巧妙地运用"层渐递进"的说服技巧，达到理想效果的可能性就会有很大提升。

3. 有诚意地诱导

要想使自己的说服取得一个较为圆满的结果，诚恳开导，不讽刺，不挖苦是基本条件。被说服者经过自己的思考，逐步有一个新的认识，这样才会心服口服。

言中有底气
——说服的正确打开方式

聪聪是一个聪明、机灵的孩子，但他总是不认真学习，作业也写得马虎而潦草，老师对他十分伤脑筋。这天，老师又在因为聪聪的成绩不理想而发愁，他看到试卷上歪歪扭扭的字迹，决定先从基本的要求——整洁工整来纠正聪聪的学习习惯。于是老师将聪聪叫到办公室，拿出了一本整洁工整的作业递给他说："聪聪，你觉得这位同学的作业写得好不好？"聪聪看了一眼，没有说话。

然后，老师又拿出了一本十分潦草、有很多错误的作业给他看，又问道："那这本写得好不好呢？"

聪聪看了一眼，说："跟我的差不多。"

"你看看这两本作业分别是谁写的。"老师温和地说。

这一回聪聪疑惑了："怎么都是李林的？"

"第二本是李林同学去年的作业本，第一本是他现在的作业本。"老师抓住时机，亲切地劝导说，"你现在的作业和李林去年的作业差不多，但并不是没有提高的可能性。经过半年的努力，李林同学现在已经能写出工整、优秀的作业了，老师相信你也不比李林差，用不了多久你也能将作业写得像他一样好。"

在这段谈话中，老师没有毫不留情地指出聪聪的问题，一味苦口婆心地劝他改正，而是耐心地根据学生的回答顺势劝导，引导对方自己去思考，形成新的认识。这样既维护了学生的尊严，又起到了指出对方不足、劝导对方的目的。

诱导技巧关键在"诱"，立足在"导"，二者缺一不可。只有认真构思，耐心商讨，才能让别人易于接受。

表达清晰，说服更高效

如果你不能够清晰、明确地将自己的想法表达出来，那么即使你的理由再充分，也难以说服对方。因此，想要说服，先要保证自己的话语足够清晰。

《战国策》中记载了这样一个故事：

战国末期，燕、赵、吴、楚四国结成了联盟，为攻打秦国积极准备着。为了寻求应对之法，秦王召集了六十多位大臣和宾客。

但是，当秦王寻求意见时，在场的人都默不作声，只有姚贾站出来说："我愿为大王出使四国，竭力阻止战争的发生。"于是，秦王赏赐了姚贾很多东西，并准备了丰厚的物品作为赠予他国的礼品。

我愿为大王出使四国，竭力阻止战争的发生。

言中有底气
——说服的正确打开方式

姚贾离开了秦国，逐一前往四国。此次出行后，姚贾不仅阻止了战事，还与四国建立了和平、友好的外交关系。秦王非常高兴，对他大加封赏。

韩非听闻此事后，向秦王进言道："姚贾以珍器重宝作为礼品，出使荆、吴、燕、代等地，足足有三年，这些国家与秦的合作未必是真心实意的，但秦的珍宝已散尽。姚贾是想借大王的财势，私自与各路诸侯、权贵相勾结，请大王明鉴。更何况，姚贾只不过是魏都大梁一个守门人的儿子，还曾在魏国做过盗贼，虽然曾在赵国做过一段时间官员，但是后来却被逐出了赵国，这样的人怎么可以参与国家大事呢？"

秦王被韩非的话说动了，于是叫来了姚贾问道："我听闻你私自用秦国的财产结交各国诸侯、权贵，可有此事？"

姚贾说："确有此事。"

秦王一听，勃然大怒："那你还有什么面目再来见我？"

那你还有什么面目再来见我？

姚贾不慌不忙地说道："昔日曾参孝敬父母，所有人都想要拥有这样的儿子；伍子胥尽忠报主，所有诸侯都想要得到这样的臣子；贞女女红出众，所有男子都想要迎娶这样的妻子。我对大王一片丹心，可大王

却不得而知。如果我不给那四个国家的权贵、诸侯献上重礼，他们怎么可能归顺秦国呢？如果我不忠于大王，那四国之君怎么会信任我呢？夏桀听信了谗言，杀害了良将关龙逢，纣王听信了谗言，杀了忠臣比干，结果都身死国灭。如今，大王倘若听信了谗言，那么想必以后就不会有忠臣良将为您出力了！"

秦王犹豫了片刻，又说："听说你出身低微，而且曾经有过偷盗行为，还被赵国驱逐出境过。"

姚贾仍然坦然自若地回答道："姜太公曾被老婆赶出家门，在朝歌时，身为屠户却连一块肉都卖不出去，在荆津时，想要做劳力却无人问津，后为子良做家臣也终被驱逐，可周文王慧眼识珠，重用了姜太公，最终立下了不朽之功。管仲原本只是齐国边境的小商贩，在南阳时一贫如洗，在鲁国时还曾被监禁，但齐桓公重用了他而建立了霸业。百里奚起初不过是虞国的乞丐，只要五张羊皮便可以买下他，穆公启用他为宰相，而能使西戎来朝。这三位贤人皆出身低微，身负恶名，可最终都因为被明主重用，为他们所在的国家立下了赫赫功勋。因此，明主是不会过于看

> 这三位贤人皆出身低微，身负恶名，可最终都因为被明主重用，为他们所在的国家立下了赫赫功勋。

言中有底气
——说服的正确打开方式

重臣子的过往、不会盲目听信他人谗言的,他们只会考察臣子们的忠诚与能力,然后度量任用。但凡能使江山稳固、国家安定的君王,不会听信谣言,不会封赏有名无功之人。这样,臣子们就不敢寄希望于只凭虚名就能得到国君的重用了。"

"确实如此。"于是,秦王仍然派遣姚贾出使各国,并责罚了韩非。

姚贾并没有因为诬陷而张皇失措,他知道要想洗清污名必须要为自己辩白,否则,就会加深误会、激化矛盾,失去秦王的信任。姚贾采取了理、据结合的说服方式来劝说秦王,逻辑缜密、表达清晰。在道理与依据面前,秦王成功被姚贾说服了。

在遇到他人的诽谤、中伤时,许多人都会情绪激动、慌慌张张,难以清晰明了地为自己辩白,无法说服他人相信自己,于是,他人对自己的误会越来越深。遇到这种情况,只有保持冷静,讲清道理,才能使人信服,从而维护自己的尊严。

遇到他人的诽谤、中伤时只有保持冷静,讲清道理,才能使人信服,从而维护自己的尊严。

将自己的想法清晰地表达出来，是说服别人时不可或缺的，具体说来，需注意以下几点。

1. 讲话的速度要合度，声音的大小要适中

在与人交谈时，首先要注意自己的说话速度。如果因说话过快而致使字音不清，令对方无法听清，那么所说的话等于在做无用功。即使快而清晰，也不值得推崇，因为对方可能没有足够的时间反应。语言是沟通的工具，说话是为了使听话人听清、听懂自己的意思，如果对方听不清、听不懂，就是浪费时间。因此我们讲话时要注意调整语速。

另外，说话的音量也要适宜。首先，不要太大。当然，在火车站、建筑工地等声音嘈杂的地方除外。在正常情况下的音量就没有必要也不应该过大了。尤其是在本该安静的场合下，音量过大会使对方产生不舒服的感觉。那么音量过小是否可行呢？也不可以。除了近距离的悄悄话外，音量过小会导致对方无法听清你的话语，只得再次询问，如果同一句话询问了多遍，对方必然会产生厌烦的情绪，给沟通造成障碍。

说话的语速应合度，音量应适中，使声音错落有致，使你的语言充满情感。

2. 逻辑清晰，语言简练

有些人在叙述事情时，说了许多话却还是不能清晰地表达出他的意见，导致听者花费了不少时间与精力，却依然不明白说话者的目的。所以，在描述复杂的事件时，可以先在大脑里打好一个草稿，拟出几个要点，让自己的逻辑更加清晰、语言更加精练。

言中有底气
——说服的正确打开方式

引导对方开口说"是"

有着高明说话技巧的人，会让对方从一开始就不知不觉地做出肯定的回答。这些肯定的回答会引导着对方朝着一个已经确定的方向迈进——就像台球一样，虽然你起初瞄准的是另外一个方向，但经过反弹之后，你将会获得自己想要的轨迹。

我们可能会发现，引导对方连续说出肯定的答案远比说出否定的答案，更能得到我们想要的效果。

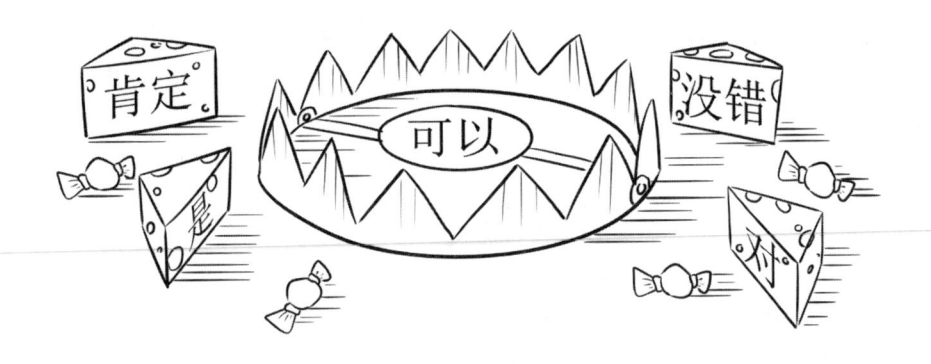

一次，某发动机公司的推销员爱力逊去拜访一位大企业家史密斯先生，准备劝说他再买一些发动机。

可谁知当爱力逊一见到史密斯先生时，对方就怒气冲冲地说："爱力逊，你又来推销那些破发动机了！别想了，我们不可能再上当了！"

爱力逊仔细询问了史密斯先生，了解了原因：昨天，史密斯先生到

147

车间例行巡查时，特意摸了一下之前从爱力逊那里购买的发动机，感觉很烫手，便认为这些发动机有质量问题。

爱力逊知道，如果盲目地与史密斯先生争辩，肯定不会得到好结果，于是他决定使用另一种方式挽回对方。

爱力逊对史密斯先生说："我完全同意你的观点。如果发动机运行过程中温度过高，别说买新的了，就是之前买的那些也得退货，对不对？"

"对。"

"当然，所有机器工作时肯定都会产生一定的热量，导致外壳发热，但是只要它的温度没有超出电工协会所制定的标准就没问题，你说对吗？"

"没错。"

爱力逊接着说道："按照电工协会的规定，一台标准的发动机最多可以比室温高出华氏72度是吧？"

史密斯先生说："是的。可是你的发动机的温度比规定的标准高多了，差点儿把我的手都烫伤了。"

爱力逊没有急着和他争辩，只是询问道："车间里大约多少度呢？"

爱力逊，你看你的这破发动机！别再想让我们上当了！

言中有底气
——说服的正确打开方式

史密斯先生想了想，说："大约华氏75度。"

爱力逊说："这就没错了，车间里是75华氏度，再加上72华氏度，一共是147华氏度。如果你把手放进相同温度的热水里，是不是可能把手烫伤？"

"的确是有可能。"

最后，爱力逊总结道："史密斯先生，你以后别用手摸发动机了，真的可能会被烫伤的。这些发动机的质量你可以放心，我们也是经营了许多年的大公司了。"

交谈了一阵后，爱力逊又拿下了一笔订单。

经过一番交谈，爱力逊成功说服了史密斯先生，这与他采用了"让别人进行肯定回答"的方法有着密切的联系。

想要说服他人并不容易。与人交谈时，一旦双方的意见相左，就很容易产生冲突，不欢而散，说服也就无从谈起了。奥弗斯德教授在其著作《影响人类的行为》中说过："一个'不'字的反应，是最难以跨越的障碍。只要说出'不'字，你的自尊心就会迫使你坚持到底。即使你已经知道自己是错误的，并因此而后悔不已，可是，迫于你的自尊心，你就会坚持下去。你会发现自己陷入了一个怪圈，而且难以逃离。"因此，当对方说出了一个"不"字的时候，你们的谈话也就慢慢陷入了僵局。但是，如果对方一开始给出了一连串的肯定答案，那么对于接下来的问题也会倾向于进行肯定的回答。

那么，怎样让对方做出肯定的回答呢？

1. 强调双方都赞同的事情

有些人认为，在谈话之初就提出相反的意见，可以表现出自己是一个有主见的人，显示出自己的重要性。但是分歧会使气氛骤降，这时，无论你的目的是什么都不容易达成了。因此，与人交谈时，先不要去讨论那些存在分歧的事情，而是先去强调那些双方都赞同的事情。让对方产生这样一个概念：你们都是在为同样的目标而努力，你们的不同之处只在于方法，而不是目的。

2. 注意提问方式

想要让对方做出肯定回答，一个恰当的提问方式十分重要，合适的提问方式能够帮助你获得想要的答案。

例如在向顾客推销商品时，不要询问顾客"你喜不喜欢？"而是应该问"你一定很喜欢，是吧？"第一种方式给对方留下了充足的余地，他有 50% 的可能会回答"不喜欢"，而第二种方式则对对方进行了暗示，会促使对方做出肯定的回答。

3. 反驳时先做肯定回答

大多数人都很喜欢表达自己的观点或看法、向别人诉说自己得意的事情，但是，如果对方总是以"不过啊""但是"等否定词语来回应的话，那么交谈氛围就会沉寂下去，说话者可能也就不愿意继续说下去了。没有人喜欢听到否定自己的话语，因此，在反驳之前先肯定对方，再循循善诱地引导对方，这样便能使对方减少抵触心理，愿意倾听你的意见。

有位经验老到的银行出纳员詹姆斯·艾伯森，正是使用了这种方法挽回了一位可能会失去的顾客。

某天，一位顾客想在詹姆斯·艾伯森所在的银行开一个账户，可是，他不想填写银行要求的那些个人信息。

面对这种情况，银行出纳员惯常的做法是用专业术语严肃地向这位顾客再三强调这一举措的重要性，可是这样做的结果呢？这位未来的顾客很可能会带着不满离开银行，不是吗？更糟糕的是，由于他的宣传，这家银行会失去更多潜在顾客。幸运的是，这位出纳员并没有采用那种惯常的做法，而是以一种更好的方式解决了问题。

"是的，先生。我认为这些资料不是一定要填写的。"艾伯森温和地回答道，"但是，先生，我想问您一个可能会冒犯您的问题，倘若您遭遇了什么不测的话，您是否希望我们银行能够将您的财产转给您所指定的亲人呢？"

听了艾伯森的话语，顾客态度缓和了下来，很快做出了肯定的回答："当然是这样。"

"那么，您认为您是不是应当将这位亲人的信息告诉我们，以免届时造成延误或者出现什么差错？"

"是的。"这下子，顾客的态度彻底平缓了下来。他现在知道了银行要求顾客提供这些资料是为了更好地保障顾客的利益，于是他心甘情愿地填写了所有的资料，不仅如此，他还在艾伯森的建议下开设了一个以他母亲为受益人的信托账户。当然，他这次心平气和地填写了关于他母亲的所有资料。

艾伯森先是肯定了对方的想法——"我认为这些资料不是一定要填写的"，使对方放下戒心，而后引导顾客做出了一连串肯定的回答，最终达到了自己的目的。

4. 配合对方调整自己的行动

说服力高明的人，绝对不可能忽视被说服者的喜好和步调，他们会积极调整自己的行动来配合对方的步调，以此来赢得对方的好感，降低对方的警戒心。

一些心理学家认为，两个关系亲近的人在一起交谈时，肢体动作、视线的移动等许多方面都是一致的。因此，当你想要说服某人时，尽量与对方的动作和姿势保持一致，可以让对方产生你们很亲密的感觉，降低警惕，更容易被你引导。

5. 赞同对方重视的事情

高明的说服者，通常会对对方重视的事物表示赞同，以此来赢得对方的好感。与之相反，如果对对方不在意的事情也称赞不已，或者围绕着对方讨厌的话题说个不停，那么只会令对方产生厌烦心理。换而言之，想要引导别人开口说"是"，就应当了解对方重视的事情，了解对方希望你表示赞同的事情，这样才能对症下药。

趣味小测试

当你第一次见某个人时，你最反感对方的哪种表现？

A. 跟你十分生疏，言谈举止不够大方。
B. 主动接近你，拍你的肩膀，好像很亲密的样子。
C. 总是插话，说话油腔滑调，你只能当一个听众。
D. 不停地询问一些私人的问题，像是在调查户口。

测试结果

A. 你是一个性格有些腼腆，但又有较强的企图心的人。你希望能有好人缘，很想能在初次见一个陌生人时就形成一个好的接触点。但是你觉得自己主动与别人攀谈很伤自尊，因此你会不知不觉地希望别人能达成你的期待。但倘若对方不能满足你的期待，你就会对对方产生反感。其实，这种主观期待很容易让你给别人留下不好的印象。

B. 你有比较强的自我保护心理，会习惯性地与陌生人保持一定的距离。由于你对自己的应对能力缺乏信心，对别人也没有足够的信心，因此你会不自觉地警惕那些贸然进入你的私人领域的人，认为对方对你不够尊重，是在伤害你，于是对他产生反感，自然而然地将其归入不同类的人。

C. 你是一个希望大家都能注意你的人。你不喜欢当听众，更不喜欢总是在进行人际交往时处于被动状态。你会对这种人产生反感，意味着你不希望别人在气势上压你一头，或者别人对你的发言权不够尊重。

D. 你是个极其注重个人隐私的人，而且相对来说会有些自我封闭。你觉得这类想掌控他人的人给你带来很大压力，因此你会与这样的人保持距离。